Motivation et réussite scolaire

EXTRAIT DE NOTRE CATALOGUE

ABERNOT Y.	Les méthodes d'évaluation scolaire
BOSETTI E., GOULFIER S., THIRIET A.	Le psychologue, l'école et l'enfant
CARDINET A.	Pratiquer la médiation en pédagogie
CIFALI M. et MOLL J.	Pédagogie et psychanalyse
LIEURY A.	Mémoire et réussite scolaire Des méthodes pour la mémoire
MAGER R.F.	Pour éveiller le désir d'apprendre Comment définir des objectifs pédagogiques Comment mesurer les résultats de l'enseignement
MOLL J.	La pédagogie psychanalytique
PELPEL P.	Se former pour enseigner Les stages de formation
POPHAM W.J. et BAKER E.L.	Comment organiser une séance pédagogique
ROGERS C.R.	Liberté pour apprendre

Alain Lieury
Fabien Fenouillet

Motivation et réussite scolaire

DUNOD

Illustration de couverture :
Franco Novati

ISBN 2 10 002980 0

TABLE DES MATIÈRES

INTRODUCTION

« Virginie est passionnée par la danse, elle s'entraîne sans relâche, ne pense qu'à son art… Elle est motivée » « Adrien va en classe à reculons, il pourrait réussir, ce qui lui manque c'est la motivation » ; « mes élèves ne s'intéressent pas à l'histoire ! », « Ah !, les jeunes, ils n'ont plus le goût d'apprendre… », ou encore « il leur manque un projet, un but, de l'ambition… »

Le vocabulaire de la vie courante est abondant pour exprimer les forces qui impulsent notre activité, besoin, instinct, envie, passion, désir, pulsion, intérêt, curiosité, volonté, projet, but, mobile (dans le langage judiciaire). Ces termes variés reflètent des conceptions fort différentes, de l'instinct qui évoque un déterminisme génétique total, au projet ou à la volonté qui exprime une vision humaniste où l'homme garde son libre arbitre. À la suite du courant behavioriste, l'ensemble de ces termes a été regroupé dans le concept générique de motivation (*drive* ou mobile à l'origine). La motivation est donc l'ensemble des mécanismes biologiques et psychologiques qui permettent le déclenchement de l'action, de l'orientation (vers un but, ou à l'inverse pour s'en éloigner) et enfin de l'intensité et de la persistance : plus on est motivé et plus l'activité est grande et persistante.

Un chercheur dénombrait récemment une quarantaine de théories de la motivation. Inutile de dire que nous ne les avons pas toutes citées, seulement les plus importantes d'entre elles, justifiées expérimentalement et qui ont des implications concernant l'école. Ainsi nous n'avons pas traité des conceptions du philosophe Antoine de la Garanderie dans ce livre de psychologie scientifique, lui-même d'ailleurs ne prétendant pas se situer dans ce champ : «Il n'est pas impossible de proposer des réponses tirées de la psychologie, voire de la biologie. Je pense que, si l'on tient à donner une réponse qui soit au niveau auquel il convient de maintenir la question, c'est dans l'ontologie qu'il faudra aller la chercher. Si l'on y manque, la pédagogie sera entreprise sur des bases insuffisantes, qui la conduiront à l'échec [1]». (p. 113). En effet, se situant dans la lignée des philosophes spiritualistes, il exclue par exemple les besoins biologiques du domaine des motivations : «On ne dira pas de quelqu'un qu'il est motivé parce qu'il a envie de dormir, parce qu'il éprouve le besoin de manger, de boire ou de se gratter. Ce sont là des exigences physiques, qui appartiennent à l'ordre des causalités naturelles, et non pas à celui du motif.» (p. 13). Si les exigences physiques (il faudrait plutôt dire biologiques ou physiologiques) appartiennent à l'ordre des causalités naturelles, cela signifie que pour cet auteur, les motivations proprement humaines sont spirituelles, et font

1. La Garanderie. *La Motivation*. Bayard Éditions, 1991.

donc l'objet d'un débat qui n'est pas de la compétence de ce livre. Certains lui attribuent le concept de « projet », mais ce dernier a été développé par Joseph Nuttin bien antérieurement et avec plus de précision[1] (nous le rattacherons à la notion plus générale de but).

D'autres conceptions n'ont pas été citées, comme la célèbre (à une époque) théorie de Maslow selon laquelle les besoins sont hiérarchisés, avec les besoins physiologiques au niveau inférieur et le besoin de réalisation au sommet[2]. D'après cette théorie, qui était séduisante, un besoin de niveau supérieur ne pouvait s'exprimer que si les besoins des niveaux inférieurs étaient satisfaits comme dans le proverbe : « Ventre affamé n'a pas d'oreilles ». Mais de nombreuses expérimentations montrèrent que ce n'était pas le cas. Des cadres, d'une grosse entreprise, arrivés à de hautes fonctions conservent toujours un besoin d'estime de soi très élevé, et à tout âge, le besoin d'affection est très fort (donc jamais complètement satisfait) ; par ailleurs l'observation commune montre que des hauts niveaux de réalisation s'expriment alors que les besoins matériels (en bas de la hiérarchie de Maslow) restent insatiables comme le montrent les dépenses somptueuses des stars.

Dans le style du premier ouvrage de cette série (*Mémoire et réussite scolaire*), le but de ce livre n'est pas de réaliser un manuel sur la motivation avec l'exposé systématique de tous les courants de recherche et de toutes les théories, mais de présenter une vulgarisa-

1. Nuttin, J. *Théorie de la motivation humaine*. PUF, 1980, p. 208.

2. Maslow, A. *Motivation and Personality*. Harper & Row, New York, 1987 ; pour un résumé en français, voir *Manuel de psychologie générale*, Dunod, 1992.

tion scientifique des éléments qui semblent les plus utiles pour les enseignants, formateurs et parents, et pour les étudiants de psychologie et des métiers de l'éducation, pour comprendre les motivations ou les démotivations des élèves.

Les justifications expérimentales et les exemples seront pris au maximum dans les situations scolaires. Toutefois, les deux premiers chapitres comportent des expériences fondamentales qui sont réalisées sur l'animal pour des raisons déontologiques ou de facilité dans l'étude des mécanismes primaires. Pour ne pas alourdir le texte, les noms des chercheurs ne sont cités qu'en référence des tableaux et figures, sauf ceux dont les contributions sont primordiales.

La carotte, le bâton...
et le loto !!!

I. MOTIVATION ET APPRENTISSAGE

1. NOS INSTINCTS RÉVÉLÉS DANS L'AQUARIUM...

Ce sont les éthologistes, c'est-à-dire ceux qui étudient le comportement des animaux dans leur milieu (littéralement «ethos» signifie «mœurs»), qui ont bien montré que derrière les motivations appelées populairement «instincts» se cache un cocktail de composantes innées et d'autres qui sont apprises. Selon la complexité de l'espèce animale, les composantes apprises prennent de plus en plus d'importance, au point que chez l'homme, des apprentissages sociaux peuvent être en conflit avec les besoins biologiques ; par exemple, boire plus que de raison, fumer des cigarettes, ou encore la célèbre pratique du vomitorium des Romains qui, à l'évidence, ne répondait guère au besoin élémentaire de la faim. À l'extrême opposé, chez les animaux élémentaires, notamment les insectes, les composantes innées, programmées génétiquement, sont dominantes voire impossibles à corriger par des apprentissages.

Niko Tinbergen, un éthologiste renommé, a obtenu un prix Nobel pour ses patientes recherches. Il a démontré entre autres les rouages des instincts de reproduction chez un petit poisson de nos mares, l'épinoche. En quelque sorte, il a révélé nos instincts « dans un aquarium ». Le comportement allant de la cour nuptiale jusqu'à la couvaison se décompose en fait en plusieurs séquences déclenchées par un signal précis (en interaction avec l'état hormonal du poisson). En fonction de changements hormonaux à la fin de l'hiver, l'épinoche mâle arbore un ventre rouge face aux intrus pour défendre son territoire ; la couleur « signal » de l'animal est ainsi l'ancêtre lointain des parures de nos chevaliers du Moyen Âge, ou plus récemment des tags qui marquent le territoire des bandes de jeunes. Après avoir constitué un nid en forme de tunnel de brindilles, son dos devient argenté et ces nouvelles couleurs servent de signaux pour attirer la femelle… Différentes séquences vont ainsi se suivre dans un ordre immuable, chacune déclenchée par un signal primitif, au point que Tinbergen a prouvé leur caractère de signal en utilisant de faux signaux ou leurres comme déclencheurs : par exemple, le signal de la ponte étant déclenché par le tapotement du museau du mâle sur le dos de la femelle, l'expérimentateur stimule la ponte par un tapotement au moyen d'une baguette de bois. Les leurres étant plus efficaces, d'autant plus qu'ils sont exagérés ; on peut voir dans le maquillage (attirance sexuelle), dans les menaces de la cour de récréation (préliminaires de l'agression), etc., les équivalents humains des signaux déclencheurs des séquences biologiques.

Toutefois, plus l'espèce est développée (ce qui coïncide avec la croissance du cerveau chez les mammifères et notamment chez les primates), et plus les apprentissages compliquent et enrichissent les programmes innés au point de ne plus les reconnaître ou même de les dénaturer. Ils sont cependant toujours là et c'est le mérite de Freud de les avoir démasqués, sous forme d'un réservoir de pulsions, notamment sexuelles, qu'il a illustrées du vocabulaire de la mythologie grecque, comme Éros pour les composantes innées de la motivation sexuelle ou de la reproduction. À l'inverse de certains philosophes qui faisaient des listes invraisemblablement longues de besoins, le psychologue expérimentaliste américain Watson, dans les années 20, les réduisit à trois : la faim (et la soif), la peur et l'amour. S'appuyant sur le phénomène du conditionnement de Pavlov, la plupart sinon la totalité des besoins humains est, selon lui, conditionnée à ces besoins physiologiques de base. Ce point de vue est excessif, comme la suite des recherches l'a démontré, mais l'observation de situations extrêmes, à l'instar des cas de « cannibalisme » chez des victimes d'un accident d'avion ou dans l'armée de Napoléon lors de la retraite de Russie, montre bien que les besoins « humains » sont appris et peuvent être désappris lors de conditions extrêmes.

2. MAMAN, J'VEUX PAS ALLER À L'ÉCOLE...

Les recherches tant en neurobiologie qu'en psychologie animale ont par la suite développé les mécanismes de l'assise biologique des motivations. Les études récentes ont d'ailleurs localisé ce réservoir des pulsions : il s'agit d'un centre du cerveau appelé « hypothalamus » qui génère dans des zones spécialisées l'origine biologique de nos comportements programmés, la faim, la soif, la recherche d'un partenaire sexuel, le sommeil, mais déclenche aussi des besoins de fuite et de peur à l'égard de situations dangereuses ou douloureuses. Ainsi, le physiologiste James Olds a montré que des rats appuyaient sans arrêt sur une barre qui les stimulait électriquement (non pas des chocs, mais des stimulations de l'ordre de grandeur de l'électricité cérébrale naturelle) dans certaines zones. Ce centre appelé primitivement « centre du plaisir » a tendance à être appelé « systèmes de récompense » (car il y a plusieurs zones) et serait la source des comportements d'approche (le désir). D'autres chercheurs ont découvert des centres de peur ou de punition, de sorte que des stimulations dans ces zones déclenchent des comportements de peur ou de douleur chez les animaux. Ces centres agissent de manière complexe, notamment par l'intermédiaire de l'hypophyse, le « chef d'orchestre des glandes hormonales », qui secrète dans des zones très localisées des micro-quantités de substances ; ce sont elles qui stimulent les glandes secrétant les hormones. Les hormones seraient les « déclencheurs » immédiats de notre activité. Par exemple, lorsque l'intensité de l'activité des rats est mesurée par le nombre de rotations d'une roue, la castration des rats réduit à 2 000 ou à 5 000 rotations par jour une activité qui, chez les rats normaux, est d'environ 10 000 à 26 000 tours par jour. Au niveau du cerveau, les neurotransmetteurs ont évidemment un rôle clé et l'on sait que le manque de dopamine, comme dans l'exemple de la maladie de Parkinson (caractérisée par une nécrose des centres de fabrication de ce neurotransmetteur), aboutit à un manque de motivation, appelé dépression…

Chacun connaît les célèbres études sur le conditionnement de Pavlov. La salivation n'est produite naturellement que par un morceau de viande dans la gueule du chien ; si l'on associe le son d'un métronome à ce contact, le son va progressivement déclencher la salivation elle-même : le son est devenu un stimulus conditionnel (ou conditionné). Watson pensa que c'était la clé de l'explication de la psychologie tant humaine qu'animale. Voulant rompre avec les anciennes méthodes de la psychologie philosophique basée sur l'introspection (s'observer soi-même), il érigea de nouveaux principes consistant pour le psychologue scientifique à n'étudier que ce qui est objectivable, c'est-à-dire soit les réponses ou les comportements, soit les stimulations appelées stimulus. Comportement se disant *behavior* en américain, Watson a dénommé ce courant le « behaviorisme », qui fut dominant dans la psychologie américaine jusque vers les années 50 (détrôné par le courant de la psychologie du traitement de l'information, appelé plus précisément « psychologie cognitive », et auquel on associe d'autres psychologues ayant continué à étudier les processus mentaux).

Les stimulus étaient dans les guerres de l'Antiquité (par exemple dans les défenses d'Alésia) des pointes de bois plantées en terre et recouvertes de paille pour blesser les guerriers ou les chevaux, de sorte que le choix du mot « stimulus » est en lui-même très significatif, car il veut dire que c'est le stimulus qui déclenche par lui-même la réaction ; il s'agit d'un grand principe behavioriste mais nous verrons qu'il n'est pas entièrement exact.

Pour Watson et les behavioristes, les comportements s'expliquent par des assemblages de réponses dont l'unité est le conditionnement. Tout est donc conditionnement, et l'ensemble des «mécanismes mentaux» n'est pour eux qu'un vaste ensemble d'associations stimulus-réponses, plus ou moins complexe. Voilà qui explique pourquoi de très nombreuses expériences ont été réalisées sur des animaux de laboratoire, tels que le rat, le pigeon (chez Benjamin Skinner...), car les behavioristes avaient l'illusion d'étudier en plus petit des mécanismes associatifs analogues dans toute autre espèce, y compris l'homme.

Au cours de cet énorme développement des recherches sur le conditionnement, il est cependant apparu qu'il fallait distinguer deux grandes catégories. En effet, les conditionnements alimentaires, récompensés par de la nourriture ou de l'eau (comme chez Pavlov), sont en général lents : par exemple dans le célèbre conditionnement salivaire chez le chien, il faut de 50 à 100 essais. En revanche, les conditionnements liés à des renforcements négatifs (chocs électriques) ou punitions sont paradoxalement très courts. Avec des chocs d'intensité élevée (150 volts), l'animal apprend en général en très peu d'essais, parfois même en un ou deux essais. De même les conditionnements positifs diminuent (en terme technique cela s'appelle «extinction») lorsqu'ils ne sont plus renforcés, tandis que les conditionnements négatifs ne s'éteignent généralement pas. Ainsi explique-t-on d'ailleurs les phobies qu'on analyse de façon moderne, non pas par la psychanalyse, mais comme une peur conditionnée. Par exemple, les gens qui ont été victimes d'un grave accident de la route n'osent plus monter en voiture, il en est de même pour la peur de l'eau de personnes ayant failli se noyer...

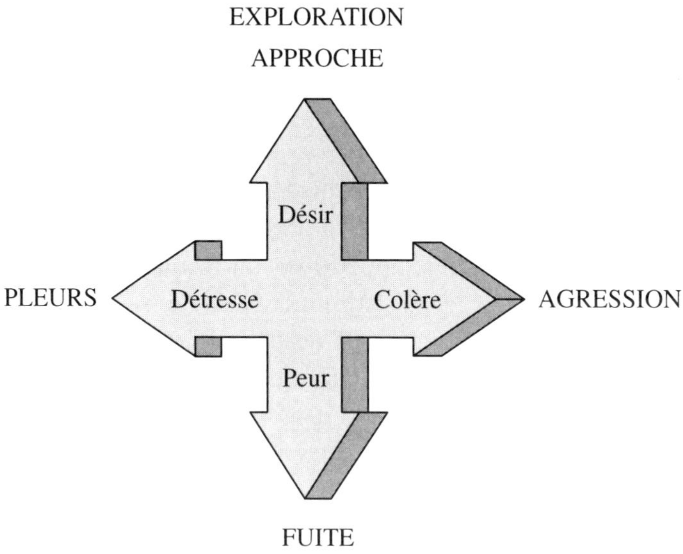

Figure 1.1 : *Les quatre systèmes d'émotion-motivation (d'après Panksepp, 1982).*

Ce type d'observations comportementales a été associé aux résultats neurobiologiques sur les centres de récompenses ou de punition pour imaginer que les deux catégories de conditionnement correspondaient à deux systèmes différents, les comportements appétitifs de recherche de nourriture et les systèmes «aversifs» de rejets ou de peur. Le développement des recherches a conduit un neurobiologiste (Jaak Panksepp, *cf.* fig. 1) à ajouter deux autres systèmes et à les lier aux mécanismes de l'émotion. Pour lui, donc, la motivation et l'émotion ne sont que deux phénomènes placés sur un même continuum et ne se différenciant que par l'intensité : une faible excitation d'un système produit un état motivationnel, par exemple de surveillance, alors qu'une faible excitation peut produire une peur panique, de même entre un besoin léger de nourriture et un désir incontrôlé de nourriture pouvant aboutir au cannibalisme. En fonction de différentes recherches, quatre systèmes (figure 1.1) ont été découverts : le désir, la peur, la colère et la détresse sociale. Le désir correspond aux motivations appétitives ou d'approche ; elles sont déclenchées par des stimulus naturels internes (non appris) de besoin (ex. : chute du taux de glucose dans le sang), leur satisfaction produit une impression de bien-être. La peur est déclenchée par un danger de destruction ou par des stimulus innés (bruit intense, perte du support chez l'enfant ; ombre chez les oiseaux…) et déclenche soit la fuite, soit une paralysie (jambes en coton…). La colère est produite par une blessure ou par de la frustration et déclenche des réactions de menace et d'agression. Et enfin, un système que l'on trouve essentiellement chez les primates (pas chez le rat mais ce système existe chez le hamster), donc chez l'homme, celui de la détresse dont le stimulus est la perte du contact social et qui produit des gémissements et pleurs. Bien que l'on pense généralement aux motivations positives lorsqu'on parle de motivation, il en existe de plusieurs sortes et l'expérimentation animale attire notre attention sur les autres, notamment la colère et le contact social. Le système motivationnel de la colère explique les agressions entre élèves, contre des biens matériels et des enseignants. Les déclencheurs pourraient en être la frustration ou la réponse à ce qui est perçu subjectivement comme une attaque, écart de niveaux de vie, surcharge ou inadaptation des programmes, perte de perspectives d'emploi… Le système motivationnel de détresse est encore plus général, tel qu'on le constate à chaque rentrée des classes avec les «Maman, j'veux pas aller à l'école» accompagnés de pleurs mais aussi de la recherche d'un contact affectif entre l'élève et son enseignant et surtout... entre les copains. Même si Freud et les psychanalystes ont été les premiers à attirer l'attention sur les besoins affectifs, l'approche psychanalytique réduit le besoin de contact social à la recherche d'un substitut parental (essentiellement la mère) avec une connotation sexuelle, alors que l'analyse psycho-biologique l'interprète comme un besoin fondamentalement social (indépendant du sexe). C'est la recherche d'un partenaire et non seulement d'un parent, donc des enseignants, des tuteurs, et surtout comme dans la célèbre chanson de Brassens... *Les Copains d'abord.*

3. LA CAROTTE, LE BÂTON...

Les premières recherches quantitatives sur la motivation sont apparues dans le cadre des théories behavioristes, notamment au cours d'un «duel» (encore la motivation de combat) entre deux grands chercheurs des années 40-50. À ma droite, dirait un présentateur de boxe, Clark Hull, de l'université de Yale, pur représentant du behaviorisme puisqu'il a essayé d'expliquer les apprentissages, y compris la résolution de problèmes (les behavioristes ne parlent pas d'intelligence qui dénote une fonction «mentale» donc à rejeter) par des assemblages de séquences conditionnées. À ma gauche, Edward Chace Tolman, de l'université de Californie, défendait un «behaviorisme de l'intention» (il était difficile à l'époque d'être en dehors de ce courant qui pour beaucoup était synonyme de psychologie scientifique) car il souhaitait réintroduire des mécanismes mentaux (carte mentale, intention, etc.) ; ce qui l'a fait classé par la suite comme l'un des premiers «cognitivistes». Hull était surtout un théoricien extrêmement soucieux d'assurer le caractère scientifique de la psychologie, en imitant le style des ouvrages de physique ; par exemple, 132 théorèmes figurent dans son dernier livre (1952) et 100 symboles dans le glossaire. À l'inverse Tolman produisit des expériences toutes plus originales les unes que les autres et qui obligèrent Hull à corriger ses formules…

Hull perçut rapidement (dès son premier livre en 1943 intitulé *Principes du comportement*) la nécessité de lier la motivation à l'apprentissage. Pourquoi ? Tout simplement parce que le rat, animal de laboratoire privilégié à cette époque, ne travaille que s'il est affamé et surtout s'il est récompensé. Ainsi s'instaure une pratique, devenue classique, de donner une récompense (petite boulette de nourriture ou bout de biscuit) dans le but de l'expérience du labyrinthe (figure 1.2).

De telles expériences ont incité Hull à proposer une célèbre formule (visiblement inspirée de la formule des forces physiques de Newton : F = Masse × Accélération) : $F = D \times H$: la force du comportement (mesurée par exemple par la vitesse du rat) est le produit de deux paramètres, H la force de l'habitude, autrement dit le niveau d'apprentissage antérieur, et D qui signifie chez Hull le *drive*, littéralement le «mobile» (comme le mobile du crime). Le mobile de Hull est bien une motivation mais elle est physiologique et non mentale (ce qui n'a pas cours chez les behavioristes) : elle correspond à un besoin alimentaire (rat affamé).

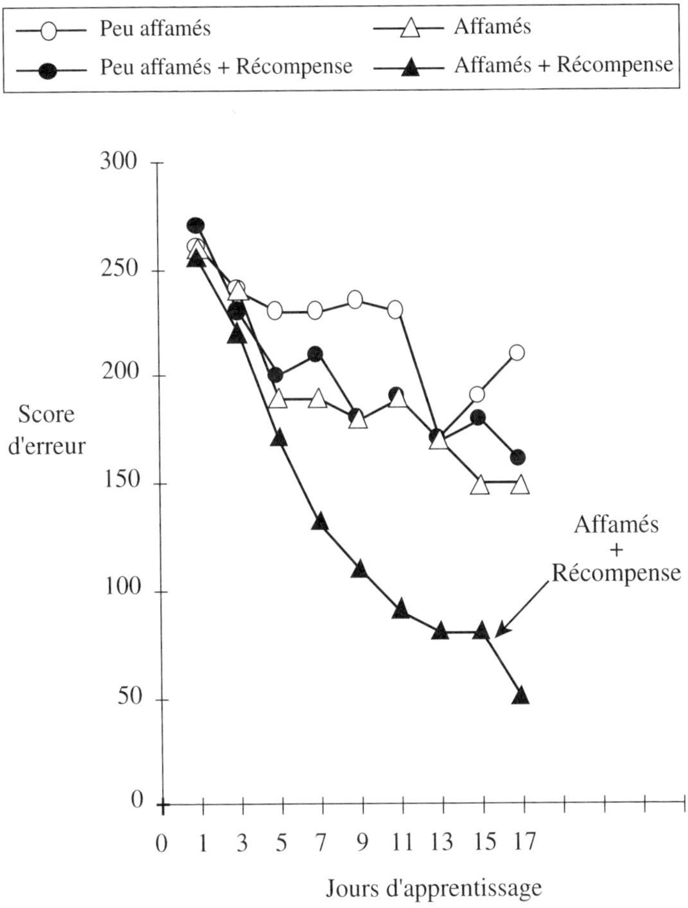

Figure 1.2 : *Double effet du besoin et de la récompense chez le rat dans un labyrinthe (schéma simplifié d'après Tolman & Honzik, 1930).*

Apprentissage = Motivation × Habitude

Cette formule que l'on peut adapter en disant que l'apprentissage est le produit d'une motivation (mobile) et du niveau d'apprentissage antérieur (habitude) a une conséquence pratique immédiate : on n'apprend pas sans être motivé. On peut jouer sur la motivation par les récompenses mais aussi par les punitions, et l'expérience suivante montre que les compliments et les réprimandes, classiquement utilisés à l'école, agissent selon la loi du renforcement :

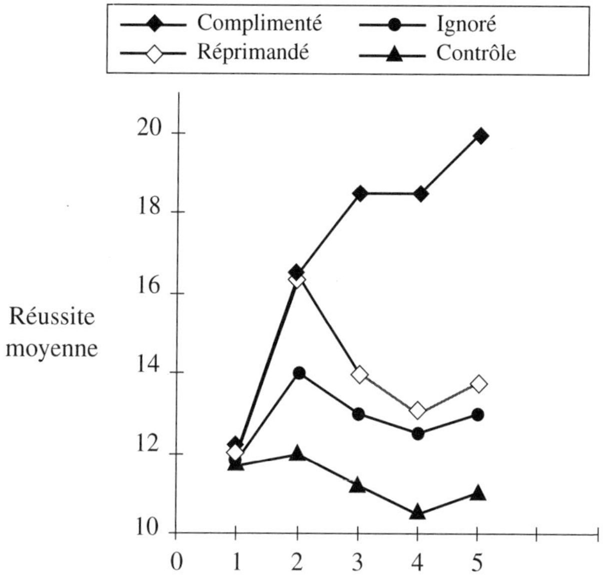

Figure 1.3 : *Effet du compliment et de la réprimande chez des élèves dans des problèmes arithmétiques (Hurlock, 1925 d'après Munn, 1956).*

Les élèves, des filles du CM1 à la 6e, devaient résoudre le plus de problèmes possibles (parmi 30) en quinze minutes. L'expérience se déroulant en cinq jours, on choisit cinq séries de problèmes équivalents de sorte que c'est sur « l'apprentissage à apprendre », et non pas l'apprentissage des mêmes problèmes, que joue le renforcement. (Des travaux ont montré que plus on apprend de tâches équivalentes et plus les scores augmentent, du fait de la mise au point de stratégies : ce phénomène a été appelé : « apprendre à apprendre ».) Dans le groupe « réprimande », chaque élève était réprimandée sans tenir compte des résultats en la faisant lever face à la classe. Dans le groupe « compliment », chaque élève recevait cette fois des compliments, mais sans connaître les résultats. Le troisième groupe « ignoré » assistait aux deux « cérémonies », tandis que le groupe « contrôle » travaillait dans une pièce isolée, sans indication. On observe (figure 1.3) qu'avec un départ équivalent de douze problèmes résolus, le groupe contrôle ne s'améliore pas, ce qui va dans le sens de la loi de Hull. Le groupe complimenté se perfectionne avec rapidité, atteignant une vingtaine de problèmes résolus au bout des cinq jours d'entraînement. À l'inverse le groupe réprimandé, qui pourtant s'améliore le deuxième jour, voit sa performance chuter pour rejoindre le groupe ignoré, ces deux groupes n'ayant pas une performance très éloignée du groupe contrôle, ou si l'on préfère du niveau de départ. Au total, les renforcements positifs sont essentiels dans la pédagogie mais on constate qu'ignorer les élèves équivaut à un renforcement négatif, sans doute du fait des motivations sociales qui nous font rechercher un assentiment.

Des enseignants ou des parents attentifs ont probablement fait de telles observations. On sait par les récits des élèves ou des étudiants que certains enseignants sont particulièrement négatifs et découragent les élèves par des évaluations négatives, « vous êtes nuls », « vous n'êtes pas à votre place ici » « dans cette classe, seuls 10 % d'entre vous réussiront », etc., et l'on voit par les expériences que ces paroles, prétendument « encourageantes » pour certains, auront un effet désastreux quel que soit le niveau de départ des élèves. Un épisode d'une de nos recherches-actions dans un Centre de formation pour apprentis l'illustre. Une séquence d'apprentissage avait été organisée de la même manière dans quatre disciplines différentes avec les professeurs correspondants. L'examen des courbes individuelles d'apprentissage avait montré généralement des résultats bénéfiques, y compris pour des élèves très faibles, sauf pour l'une d'entre elles dans une seule matière. En constatant ce fait, le professeur de la matière s'était rendue compte que son attitude avait eu un rôle plus important qu'elle ne l'avait voulu et avait expliqué qu'elle avait réprimandé l'élève, ne croyant pas en ses capacités. La prise de conscience de cette enseignante lui a fait changer d'attitude et a permis de meilleures performances de l'élève par la suite, qui s'est vue « chouchoutée ». En pédagogie, comme l'avait d'ailleurs bien noté Benjamin Skinner, les renforcements positifs sont préférables car les renforcements négatifs sont générateurs de stress et peuvent produire d'autres effets pervers (*cf.* chapitre 3 : La résignation apprise).

Ce serait une erreur de penser que les renforcements, la carotte ou le bâton, ne sont utiles que pour les élèves des petites classes ou, à la limite, du collège. À l'université, à l'occasion de réformes pédagogiques, cela a été confirmé de façon frappante. L'université avait mis en place une série de conférences culturelles qui ne devaient pas, pour rester « culturelles », être sanctionnées par un examen. Malheureusement (pour l'expérience pédagogique), le public étudiant devint de moins en moins nombreux au fil des semaines pour atteindre des nombres ridicules en fin de semestre. Depuis lors, l'expérience n'a pas été renouvelée.

Même les académiciens ont des jetons de présence…

4. FAUT-IL DONNER 18 SUR 20 À TOUS LES ÉLÈVES ???

Cependant, même pour les rats toutes les récompenses n'ont pas la même valeur comme le montre un phénomène important qui prit le nom de son découvreur, l'effet Crespi.

L'expérience peut être contée à la façon d'une fable de La Fontaine :

L'Opulent et l'Indolent

Deux rats ayant jeûné toute une journée
Inégalement, reçoivent le prix de leur activité.
L'un reçoit une toute petite boulette
L'autre, un tas de ces mêmes croquettes
Dans une petite chambre faite de plinthes
Au bout du labyrinthe.

Mais un jour d'uniformisation
Tous reçoivent la même ration.
Triste festin,
s'écrit le rat habitué à l'opulence !
Tout ce butin,
s'exclame son compère habitué à l'indolence !
Et l'un de ne plus travailler du tout
Tandis que l'autre est prêt à tout.
La morale de cette histoire
C'est de ne pas trop s'habituer à la gloire…

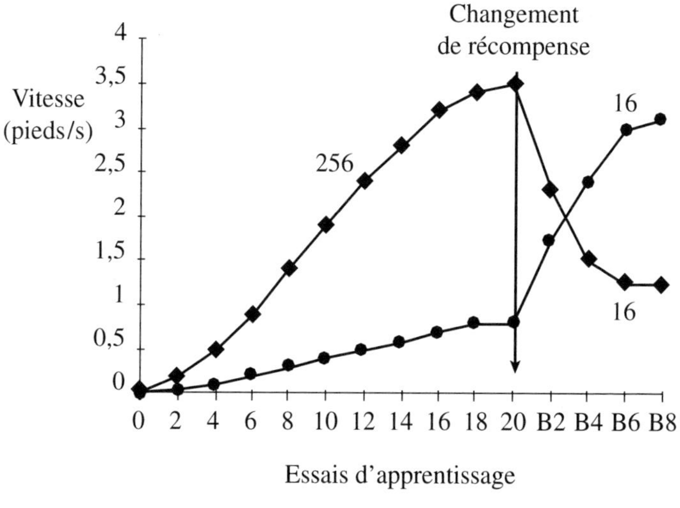

Figure 1.4 : *Changement brutal de performance lors du changement « brutal » de la ration alimentaire chez les rats (de 256 à 16 ou de 1 à 16 boulettes) (Crespi, 1942 simplifié d'après Hull, 1952).*

Dans la première phase, les rats se comportent selon la loi de Hull (figure 1.4). Ceux qui reçoivent une grande quantité de nourriture au but (256 boulettes) vont plus vite que ceux qui ne reçoivent qu'une boulette. Mais lorsque la ration change brutalement pour s'égaliser à 16 pour les deux groupes, on s'aperçoit que la vitesse s'inverse. Donc, le renforcement tout seul ne suffit pas pour déclencher la motivation, mais également la quantité ou la nature de la récompense : les rats trop « gâtés » ne sont plus motivés par une petite quantité de nourriture. Hull a raconté également un effet Crespi chez un chimpanzé qui, étant récompensé pour une tâche par une banane, l'est tout à coup par une feuille de salade ; le chimpanzé « n'en croit pas ses yeux » et cherche sous différents objets la récompense à laquelle on l'avait habitué.

L'effet Crespi conduisit Hull à inclure un nouveau paramètre à sa formule, K, qui correspond à la valeur incitative de la récompense. Dans l'effet Crespi, tel que l'a interprété Hull, le renforcement n'a pas uniquement un rôle mais a aussi une valeur incitative (quantité ou qualité). On sait que la valeur incitative du renforcement a été largement appliquée dans l'organisation du travail et a conduit aux systèmes de prime (les incentives du système américain), notamment les pourcentages à la vente dans les techniques commerciales (un fixe plus une prime).

De nombreux exemples de la vie courante correspondent à cet effet, l'exemple typique en étant celui de l'enfant gâté qui devient blasé. Au niveau scolaire, cet effet rend compte entre autres des déceptions des élèves qui, habitués à un bon classement ou à de bonnes notes, sont déçus d'un classement moyen ou de notes tout simplement correctes. Ainsi, ceux qui rêvent d'une école idéale dans laquelle tous les élèves auraient de bonnes notes ont tort tout comme une chercheuse de notre laboratoire, Azar Etessamipour, l'a constaté à ses dépens. Pour les besoins de sa recherche, elle devait mettre en relation la mémoire du vocabulaire scolaire et les notes scolaires dans des écoles du cycle primaire en Iran. Mais cette expérience n'a pu aboutir sur ce point car tous les élèves avaient des notes très élevées (de 18 à 20 sur 20), ce qui empêchait toute différenciation dans le niveau réel des élèves. De plus, cette chercheuse avait beaucoup de difficultés à faire accepter aux élèves des tests basés sur le vocabulaire réel des manuels : ils trouvaient trop difficile de ne pas tout savoir et ne voulaient pas persévérer.

Habituer à des récompenses excessives conduit donc, comme Crespi l'a montré chez l'animal, à casser la motivation par l'impossibilité de fournir des récompenses plus fortes. C'est le syndrome de la star ou de la médaille d'or : il est toujours étonnant de constater la déception des athlètes qui n'obtiennent qu'une médaille de bronze ou même d'argent lorsqu'ils s'attendent à remporter la médaille d'or. Une bonne pédagogie de la motivation doit être équilibrée avec un niveau de récompense adapté à la difficulté et au niveau scolaire considéré.

5. ... ET LE LOTO

Dans la grande vogue du behaviorisme, les résultats de l'expérimentation animale ont directement été généralisés à l'homme parce que l'on pensait que les mécanismes étaient de même nature (associations stimulus-réponses) même s'ils étaient plus compliqués (plus grand nombre de neurones). Néanmoins, la perspective du traitement de l'information (cybernétique, théorie des communications, etc.) remit à la mode des notions non oubliées par d'autres psychologues, parmi lesquelles les représentations mentales notamment basées sur les symboles, langage et image. C'est ainsi qu'en psychologie sociale Albert Bandura fit une critique sévère de la notion de renforcement des behavioristes (Hull ou Skinner) en proposant que l'homme, grâce à ses capacités représentatives, était capable d'anticiper le renforcement, y compris sans jamais le recevoir. En effet, certains comportements humains ne s'expliquent pas dans le cadre strict du renforcement. Le jeu, loto, tiercé, roulette, etc., en est un exemple frappant. Certains continuent de jouer, parfois toute leur vie, sans jamais gagner (ou des sommes minimes) ; comment expliquer alors cette persistance extraordinaire, signe d'une forte motivation ? Ce comportement mystérieux s'explique au contraire très bien dans la théorie de l'anticipation symbolique du renforcement de Bandura. Le joueur n'a pas besoin de gagner effectivement, il gagne dans sa «tête», ce qu'avait parfaitement anticipé Jean de La Fontaine dans sa fable *Perrette et le pot au lait*…

L'expression «Bâtir des châteaux en Espagne» exprime par ailleurs notre tendance coutumière à faire de telles anticipations : la carotte et le bâton peuvent donc, comme dans le loto, être symboliques chez l'homme et être auto-attribués en imagination. Le plus grand renforçateur humain, l'argent, doit sa puissance à nos capacités imaginatives puisqu'il tient sa valeur incitative de la variété des échanges et par conséquent des renforcements possibles. Dans l'échelle animale, d'ailleurs, le rat en est incapable et seuls les singes sont capables d'apprendre en étant récompensés par des jetons qu'ils peuvent échanger, de retour dans leur cage, contre des grains de raisin ou des cacahuètes.

Les renforcements symboliques ou les anticipations sont probablement fonction du niveau de développement mental des élèves. La pratique courante montre en particulier que les petits ont besoin de récompenses concrètes, bons points, images, à des intervalles rapprochés, tandis qu'il faut attendre des niveaux très élevés, pour les étudiants, afin que les diplômes soient très éloignés dans le temps...

Fiche pratique 1

1. Il n'y a pas de performance élevée sans motivation.
2. Les renforcements négatifs (blâmes, réprimandes...) baissent considérablement les performances.
3. Trop gâter les enfants diminue la motivation (effet Crespi).

Comment démotiver en deux ou trois leçons...

II. MOTIVATION EXTRINSÈQUE ET MOTIVATION INTRINSÈQUE

1. PEUT-ON APPRENDRE SANS MOTIVATION ?

Peut-on apprendre sans motivation ? Tolman le pensait d'après la célèbre expérience de l'apprentissage latent. L'expérience consiste à comparer l'apprentissage d'un labyrinthe par trois groupes de rats. L'un est toujours renforcé par de la nourriture au but, l'autre jamais et le troisième est seulement renforcé le 11e jour. On constate que le groupe renforcé à partir du 11e jour devient aussi bon au bout de 2 à 3 jours que celui qui est renforcé tous les jours.

Ce phénomène appelé « apprentissage latent » montre pour Tolman que le renforcement jouerait plus sur la performance que sur l'apprentissage lui-même. En d'autres termes, la mémoire enregistre des informations mais l'absence de renforcement empêche la sélection des informations utiles ; en effet, pour le rat dans le labyrinthe, la chambre de but sans nourriture n'est pas différente d'une impasse quelconque (*cf.* figure 2.1).

Néanmoins, le phénomène d'apprentissage latent n'est peut-être pas aussi démonstratif que le pensait Tolman car il existe un besoin de curiosité, non renforcé par de la nourriture.

Figure 2.1 : *Une façon anthropomorphique de voir l'apprentissage latent !!!*

2. LE BESOIN DE CURIOSITÉ

Ce besoin de curiosité a été notamment mis en évidence chez les singes. Dans une cage fermée, chaque singe doit apprendre à discriminer (conditionnement discriminatif) un carton bleu d'un carton jaune (par exemple le bleu), et lorsqu'il appuie sur le bon carton, la récompense est l'ouverture d'une fenêtre avec vue… sur la pièce. Dans la pièce, différentes «animations» sont prévues : par exemple, un train électrique. La récompense n'est donc pas, comme à la mode behavioriste, de la nourriture, mais une stimulation cognitive. Harry Harlow, à l'origine d'un renouveau après le behaviorisme, parla de motivation cognitive.

L'expérience peut ainsi durer, pendant un mois, sans qu'apparaisse de satiété, ce qui est très important sur le plan théorique. En effet jusqu'alors les théories des besoins, développées par Freud, les éthologistes ou les behavioristes, correspondaient à ce que le physiologiste Cannon avait exprimé sous l'élégante formule de la « sagesse du corps ». Pour lui, en effet, le besoin est provoqué par une rupture au niveau du métabolisme qui crée un manque, le besoin. L'organisme développe alors des comportements de recherche visant à compenser ce manque et lorsqu'il y parvient, c'est la satiété. La faim, la soif, le comportement sexuel, la fatigue, etc., bref les besoins physiologiques correspondent assez bien à cette régulation appelée « homéostasie ». Cette sagesse du corps répond aux besoins essentiels et outre la faim et la soif, on sait que dans les déserts le sel était précieux à l'égal de l'or et mobilisait des caravanes.

Or, le besoin de curiosité ne subit pas de baisse, témoin de la satiété, même durant une longue période d'un mois. Ce fait crucial conduisit Harry Harlow à opposer les motivations d'exploration aux besoins physiologiques et homéostatiques.

Cette motivation cognitive, ou besoin de curiosité (ou d'exploration), s'accorde bien aux découvertes des neurophysiologistes de l'époque, qui battirent en brèche les postulats behavioristes sur le rôle déclencheur du stimulus dans les expériences de privation sensorielle. Dans une chambre spéciale, toutes les stimulations sensorielles étaient éliminées : la chambre était maintenue à la même température, complètement isolée sur le plan phonique, dans le noir ; le sujet humain ayant même des manchons aux mains pour ne pas sentir de stimulations tactiles. Les sujets étaient payés 20 dollars par jour, ce qui à cette époque était une belle somme. Malgré cette récompense particulièrement alléchante, les sujets ne tinrent que quelques heures. Au bout d'une douzaine d'heures, des hallucinations se produisirent et des tests montrèrent des désorganisations perceptives et motrices. Certains sujets proposèrent à la place de faire un travail éreintant, à 7 dollars par jour, plutôt que d'entrer dans cette chambre des supplices. Le cerveau ne se déclenche donc pas seulement avec des stimulus mais il a une activité propre. En revanche, il a besoin de stimulus pour réguler son activité, origine biologique expliquant peut-être le besoin de curiosité.

3. MOTIVATION INTRINSÈQUE ET MOTIVATION EXTRINSÈQUE

Parallèlement, dans ce même laboratoire, était mise en évidence une autre motivation cognitive, du fait que des singes pouvaient travailler sur des jeux (puzzle) pendant une longue période sans aucune récompense, simplement pour l'activité en elle-même. Ce besoin de manipulation n'était guère assimilable à un mobile ordinaire puisqu'il ne correspondait pas à un renforcement strict : Harlow a donc proposé de classer ces besoins de curiosité et de manipulation comme étant des motivations « intrinsèques ».

Jusqu'alors on pensait, et on le pense encore de nos jours que toute motivation est augmentée par le renforcement ; par exemple, les joueurs internationaux (tennis, football...), les acteurs, les chanteurs gagnent des sommes de plus en plus vertigineuses... Paradoxalement, Harlow et ses collègues ont montré l'inverse chez leurs singes. Dans une première phase, la réussite du puzzle était récompensée par de la nourriture pour un groupe alors que l'autre groupe ne recevait aucune récompense pour la même réussite. Ensuite, les expérimentateurs ont à nouveau donné les puzzles en l'absence de toute récompense pour les deux groupes. Alors qu'on s'attend à plus de manipulations et de réussites dans le groupe préalablement renforcé, les résultats prouvent l'inverse : les singes issus du groupe récompensé ont moins de bonnes réponses que les singes antérieurement non récompensés. Le renforcement « tue » la motivation intrinsèque...

Les expériences de Harlow amènent donc une distinction essentielle entre deux catégories de motivations, les motivations extrinsèques qui sont régies par les renforcements (loi de Hull, etc.) et les motivations intrinsèques (curiosité, manipulation...) qui n'auraient de but que l'intérêt pour l'activité en elle-même.

4. LE GAGNANT AURA UN BEAU RUBAN ROUGE...

Comme l'a montré Edward Deci, de l'université de Rochester (1971), la diminution de la motivation intrinsèque par des récompenses s'applique également à l'homme. L'auteur propose à deux groupes de sujets de résoudre des problèmes de puzzles qui ont été jugés auparavant comme très intéressants sur une échelle (l'intérêt est évalué par une note de 1 à 9). Les problèmes sont proposés aux sujets au cours de trois périodes. La première est identique pour les deux groupes : les sujets doivent résoudre un certain nombre de problèmes en temps limité. Lors de la deuxième période, l'expérimentateur donne 1 dollar par puzzle réussi au premier groupe alors que le deuxième groupe ne perçoit aucune récompense monétaire. Enfin pour réaliser la phase test lors de la troisième période, l'expérimentateur invoque une excuse qui lui permet de s'absenter. Mais avant de partir, il propose aux sujets soit de faire quelques puzzles supplémentaires, soit de lire des revues, ou enfin de ne rien faire...

Les sujets sont alors observés à leur insu par une caméra et leur motivation intrinsèque est mesurée par le temps librement passé sur les puzzles...

Les résultats (figure 2.2) montrent deux grands effets, différents selon les périodes. Bien que le temps passé sur les puzzles soit à peu près le même entre les deux groupes dans la première période (ce qui montre que les groupes sont assez similaires), on constate lors de la deuxième période que le groupe récompensé passe plus de temps en moyenne, environ 6 minutes contre environ 4 pour le groupe non récompensé : il s'agit de la loi du renforcement (*cf.* Hull, *supra*). Mais l'effet s'inverse lors la période du libre choix (ce qu'on observe le mieux lorsqu'on fait la différence de temps entre cette période et la période de prétest, P3-P1).

Chez l'homme, donc, les récompenses extrinsèques comme l'argent, ou des approbations verbales, causent une diminution de la motivation intrinsèque. Dans ce cas le sujet n'effectue plus le comportement pour la satisfaction qu'il peut en retirer mais pour des motifs extrinsèques.

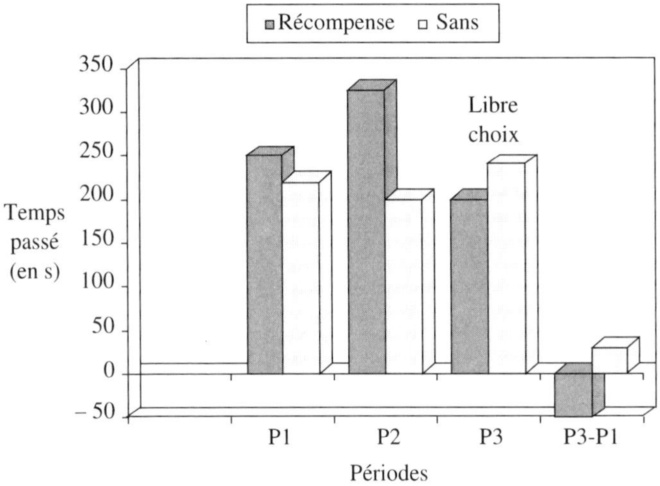

***Figure 2.2** : Le temps moyen passé en libre choix augmente pour le groupe non récompensé (motivation intrinsèque) (adapté de Deci, 1971).*

Plusieurs expériences ont par la suite confirmé ce résultat, y compris chez de tous jeunes enfants comme dans cette mignonne expérience menée sur de jeunes enfants d'une crèche (trois ans et demi à cinq ans). Parmi les activités de la crèche, on choisit celle qui consiste à faire des dessins aux feutres magiques (dont la couleur change lorsqu'on repasse un autre feutre incolore). Afin de rendre l'activité plus attrayante, on raconte aux enfants qu'un monsieur ou une dame viendra voir les dessins. Un groupe contrôle ne reçoit aucune récompense. Dans l'autre, on annonce individuellement à chaque enfant, dans une « salle surprise », qu'il aura droit pour ses dessins d'avoir son nom marqué sur un carton dans la classe et qu'il recevra un ruban rouge arboré d'une étoile d'or (figure 2.3) :

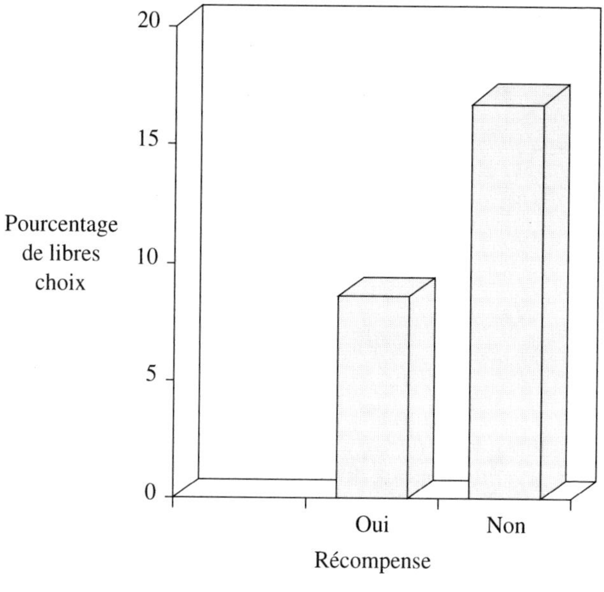

***Figure 2.3 :** Diminution du choix libre d'une activité chez des enfants de maternelle lorsqu'une récompense est annoncée (d'après Lepper* et al., *1973).*

La motivation intrinsèque, mesurée par l'activité de dessin en libre choix, diminue fortement lorsqu'on leur a fait miroiter une belle récompense… le beau ruban rouge !

5. SI VOUS VOULEZ DÉMOTIVER... SURVEILLEZ !!!

Connaissant ce phénomène, il est évidemment d'un grand intérêt pour le pédagogue de savoir ce qui fait diminuer la motivation intrinsèque. Les recherches ont effectivement trouvé plusieurs raisons. Dans l'expérience originale de Deci, c'est la récompense monétaire. Dans l'expérience du ruban rouge, il s'agit du «prix», et l'on sait combien les prix sont variés, des bons points, images, etc., aux diplômes, et la panoplie ne cesse de s'enrichir avec l'âge : les médailles, qu'elles soient olympiques ou militaires, les prix pour les artistes, Oscars, Césars, Molières, les prix Nobels... Mais la diminution de la motivation intrinsèque s'observe aussi dans d'autres situations, en général de contraintes, évitement d'une punition, surveillance ou même imposition d'un temps limite :

80 enfants, de quatre à cinq ans, d'une crèche participent à une activité de puzzles, mesurés auparavant comme attractifs. Dans un groupe, on promet en récompense du «bon travail» sur les puzzles de pouvoir jouer à des jeux très attractifs (robot, station lunaire...) que l'on montre aux enfants (ils y joueront effectivement comme promis). Dans l'autre groupe, l'activité des puzzles est réalisée pour elle-même (motivation intrinsèque). De plus, chaque groupe est séparé en deux selon les conditions de surveillance. Dans chacun des sous-groupes surveillés, une caméra TV est placée à côté de l'enfant et l'expérimentateur dit à l'enfant que la caméra l'enregistre pendant son absence pour voir s'il a bien travaillé.

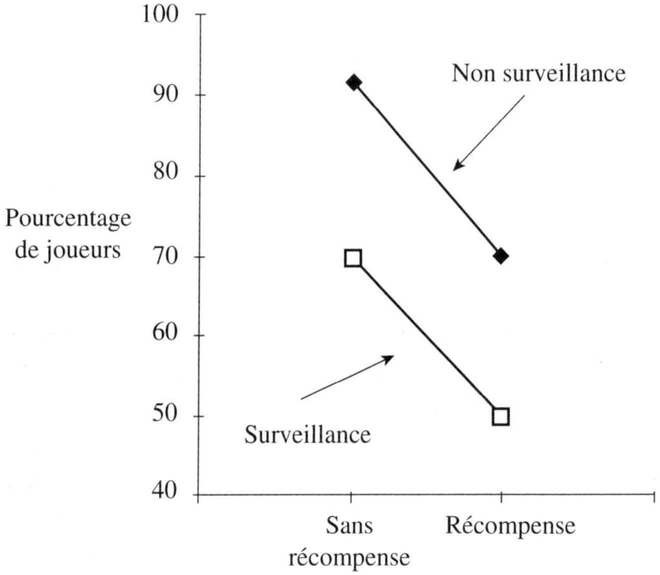

Figure 2.4 : *Baisse du nombre de sujets choisissant librement une tâche en fonction de la récompense et de la surveillance (d'après Lepper & Greene, 1975).*

Une à trois semaines plus tard, on teste la motivation intrinsèque en laissant pendant une heure d'activités libres une table avec des puzzles, et deux observateurs cachés (de plus non au courant de la première phase pour ne pas être influencés) comptent les enfants qui, spontanément, jouent aux puzzles. On constate (figure 2.4) qu'à nouveau la récompense diminue la motivation intrinsèque mesurée par le libre choix de l'activité. Mais ce qui est nouveau ici est l'effet de la surveillance diminuant dans le même ordre de grandeur

(20 %) l'attrait pour l'activité libre. La surveillance diminue donc la motivation intrinsèque. On constate également que les effets se cumulent puisque 90 % des enfants non récompensés et non surveillés rechoisissent librement les puzzles, tandis qu'à l'inverse seulement 50 % des enfants récompensés et surveillés le font. On peut ainsi supposer que l'addition de plusieurs contraintes, prix, surveillance... est telle que celles-ci vont totalement supprimer la motivation intrinsèque.

De même, l'imposition d'un temps limite à des étudiants pour la résolution de mots croisés détermine dans une phase postérieure une baisse de la motivation intrinsèque pour une activité ludique (cubes).

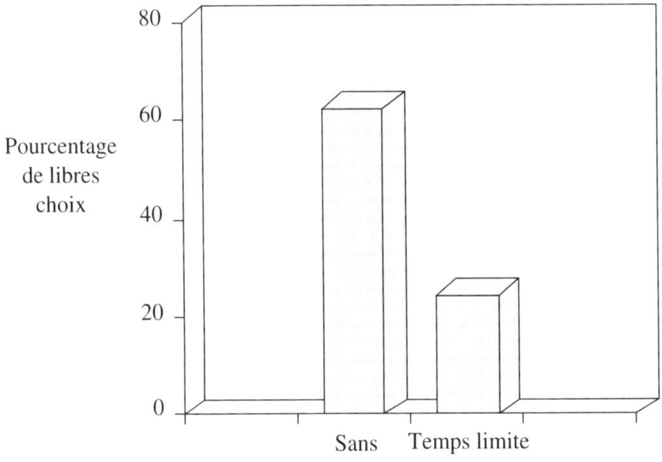

***Figure 2.5 :** Diminution des libres choix lorsqu'on impose un temps limite (d'après Amabile, De Jong & Lepper 1976).*

Or, donner un temps limite (15 minutes) aboutit à diminuer la motivation intrinsèque pour un jeu à base de cubes (figure 2.5). Des variations dans l'expérience montrent qu'un temps limite implicite, du genre « d'habitude, les gens ne mettent pas plus de 15 minutes », a le même effet négatif sur la motivation intrinsèque. Au contraire, dire aux sujets d'aller le plus vite qu'ils peuvent ne baisse pas la motivation intrinsèque.

6. ET LA COMPÉTITION... ?

La compétition est si inhérente aux activités sociales, notamment à l'école et dans le sport, qu'elle en acquiert un statut presque unique. La compétition a des effets variés sur la performance. D'une part, elle augmente la performance, et la psychologie sociale expérimentale est même née d'une célèbre expérience comparant la vitesse sur vélo d'appartement. Les individus placés en compétition allaient plus vite que les individus isolés. De même, dans une classe où l'on stimule les élèves dans une activité de calcul (vitesse à effectuer des additions) en faisant lever le doigt à ceux qui réussissent, afin que toute la classe les voit, et en écrivant leurs noms au tableau. Au cours de la semaine (cinq jours) le groupe en compétition réussit mieux en moyenne que le groupe où les élèves travaillent individuellement (figurc 2.6).

D'autre part, la compétition ou la rivalité peut amener des disputes, de l'agressivité et, par voie de conséquence, des chutes de performances.

Les expressions de la vie courante ou du sport nous laissent penser que la compétition est liée à la motivation intrinsèque, on parle de « dépassement de soi », de «victoire sur soi-même», etc. Le sport animé essentiellement par une motivation intrinsèque correspond à la célèbre définition du baron de Coubertin qui reconstitua les Jeux olympiques avec un idéal antique : «L'essentiel n'est pas de gagner mais de participer».

Mais le sport n'a pas que ce type de motivation et comme l'observe plus concrètement Edward Deci : dans la compétition il y a une récompense, et cette récompense c'est gagner... D'ailleurs, connaissant les «dérapages» agressifs, soit entre sportifs, soit entre supporters, on peut voir dans la compétition l'activation du système d'agression (l'émotion en étant la colère) sur le plan de nos mécanismes biologiques (*cf.* chapitre 1).

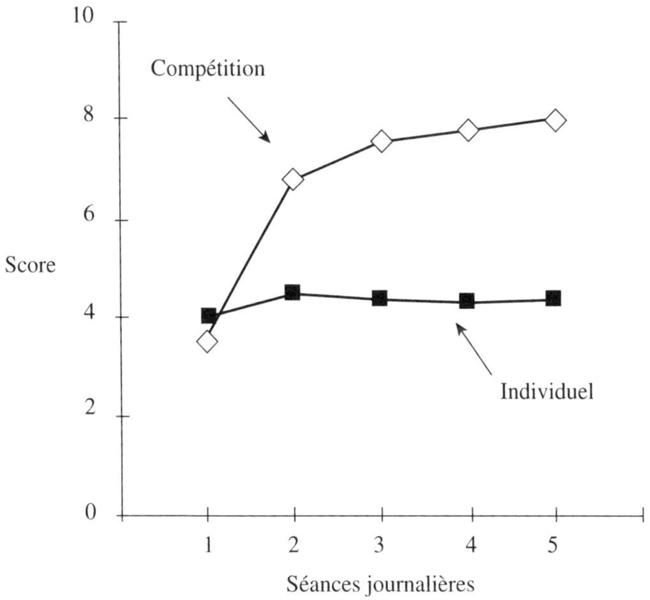

Figure 2.6 : *Effet positif de la compétition sur la rapidité de calcul (Hurlock, 1927 d'après Munn, 1956).*

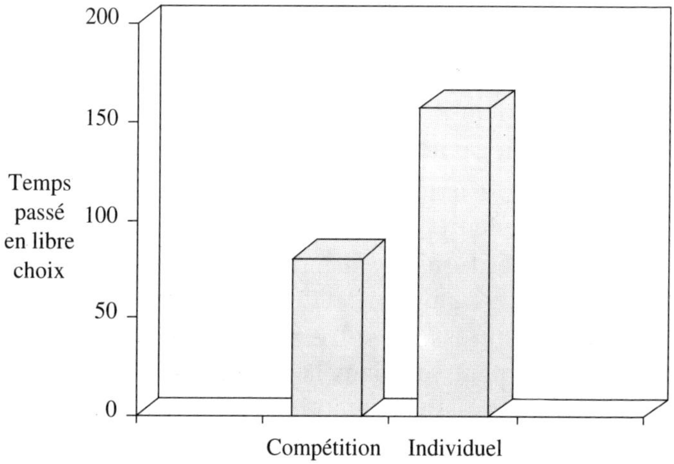

***Figure 2.7** : Effet de la compétition sur la motivation intrinsèque (libre choix) (d'après Deci* et al.*, 1981).*

Deci et ses collègues montrent que la compétition est bien extrinsèque chez des étudiants dans une activité ludique avec des puzzles. Dans une première phase, les étudiants travaillent soit individuellement, soit en compétition avec un adversaire (en fait un complice de l'expérimentateur). Dans la phase test, le sujet est dans une pièce où on le fait attendre sous le prétexte d'aller chercher un questionnaire. En fait l'expérimentateur passe de l'autre côté du miroir sans tain et observe le sujet qui a devant lui des puzzles. L'observation pendant une période de 8 minutes (figure 2.7) indique que ceux qui étaient en situation de compétition passent moins de temps en moyenne dans cette activité libre que les autres. Le temps passé dans cette activité libre étant censé mesurer la motivation intrinsèque, on constate que la compétition diminue cette motivation intrinsèque.

La compétition pourrait donc être complexe, à la fois de type intrinsèque dans l'idéal de Coubertin – se dépasser soi-même, etc. – mais peut être surtout de type extrinsèque, avec les motivations de gagner des prix, ou une victoire sur les autres…

Fiche pratique 2

1. Il existe deux sortes de motivations : extrinsèque et intrinsèque.
2. La motivation extrinsèque est le besoin de renforcements : argent, prix…
3. La motivation intrinsèque est l'attrait de l'activité pour elle-même : elle est diminuée par les renforcements : argent, prix…

Pédagogie pour les nuls...

III. L'APPRENTISSAGE DU DÉCOURAGEMENT

1. LA RÉSIGNATION APPRISE

« Mon enfant n'apprend plus, il est découragé... » De tels propos sont fréquemment entendus et un courant de recherche, initialement chez l'animal, a permis de faire une avancée importante dans ce domaine aux conséquences dramatiques.

Tout commence par des expériences sous la direction de Martin Seligman, de l'université de Pennsylvanie. Dans l'une d'entre elles, trois groupes sont constitués avec des chiens qui, individuellement, sont attachés dans un harnais. Dans le premier groupe appelé « évitement », les chiens reçoivent 64 chocs électriques douloureux qui sont espacés (une à deux minutes). Si le chien appuie sur un panneau placé juste devant son museau durant le choc, alors ce dernier s'arrête, sinon il continue pendant 30 secondes. Vingt-quatre heures plus tard, les chiens sont mis dans une boîte à navette (*shuttle box*) ; ce dispositif de la navette avait été inventé par d'autres chercheurs pour étudier le stress et il est couramment employé de nos jours chez le rat afin d'examiner l'effet de médicaments, par exemple les anti-stress. La navette est constituée de deux compartiments séparés par une barrière, un peu comme un court de tennis miniature. Mais là s'arrête la comparaison car un signal sonore retentit annonçant (10 secondes plus tard) l'arrivée d'un choc électrique dans le compartiment où se situe le chien. Dans ce dispositif, appelé aussi «conditionnement d'évitement», le chien est prévenu de sorte que, s'il saute la barrière pour aller dans l'autre compartiment dès le signal, il évite complètement le choc électrique ; sinon, 10 secondes après le signal il reçoit le choc électrique. Un deuxième groupe dit «contrôle» ne passe pas la période pré-expérimentale dans le harnais, mais seulement la deuxième dans la boîte à navette. Enfin, le troisième groupe est tout à fait spécial puisqu'il reçoit un entraînement pré-expérimental dans le harnais, mais l'appui du museau sur le panneau ne permet pas d'arrêter le choc. Vingt-quatre heures plus tard ce troisième groupe est mis dans la boîte à navette dans les mêmes conditions que les premier et deuxième groupes.

Les résultats sont percutants puisque l'on constate (figure 3.1) que si le temps passé (en moyenne) dans le compartiment avec choc est d'environ 27 secondes dans le groupe «évitement» ou dans le groupe contrôle, le troisième groupe met en moyenne près du double de temps pour s'échapper (48 secondes). Sachant que le choc arrive 10 secondes après le signal, plus de 75 % des chiens de ce troisième groupe n'arrivent pas à éviter au moins 9 chocs sur les 10, tandis qu'aucun chien du groupe «évitement» n'arrive jamais à une telle extrémité. Les chiens sont passifs et pour cette raison, Seligman les a appelés «résignés» : c'est le phénomène, désormais célèbre, de «résignation apprise».

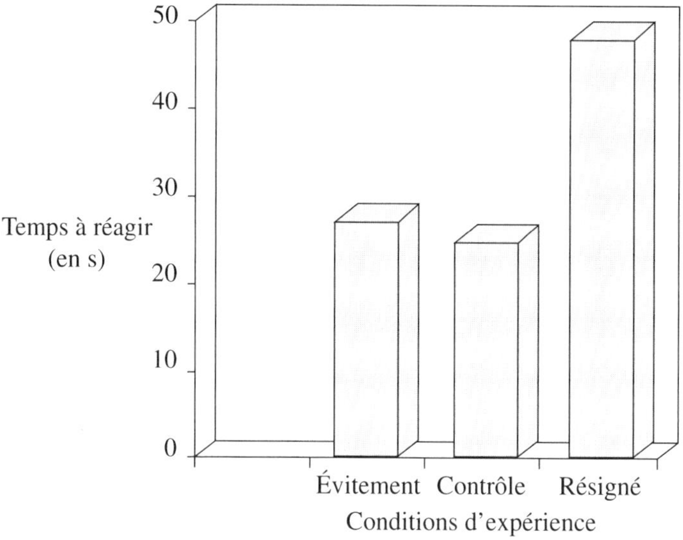

***Figure 3.1** : Ralentissement du temps à éviter un choc électrique pour le groupe de chiens résignés par rapport à deux autres groupes (d'après Maier & Seligman, 1967).*

De très nombreuses expériences ont été stimulées par la suite, tant sur le plan psychologique que sur le plan neurobiologique. En bref, sur un plan psychologique, la résignation arrive lorsque l'organisme (animal ou homme) ne perçoit plus de relation entre ce qu'il fait et les résultats de son action (*cf. infra*). Sur les plans de la neurobiologie et de la neurochimie, il semble que ce stress stimule les systèmes antidouleurs du cerveau avec la sécrétion de substances appelées « endorphines » parce qu'elles ressemblent chimiquement à la morphine, d'où les effets antidouleurs de ces dérivées de l'opium, avec tous les phénomènes psychologiques qui leur sont associés, perte de l'appétit, passivité, bref, perte de la motivation…

2. GARÇON, LA BONNE TABLE S'IL VOUS PLAÎT !!!

Un équivalent astucieux permet d'observer en éliminant la douleur le même phénomène chez l'homme. La navette est remplacée par deux tables avec sur chacune un boîtier avec des boutons. Là aussi l'expérience porte sur trois groupes de sujets au cours de deux phases. Pour le groupe «évitable», il lui suffit d'appuyer sur un bouton pour empêcher le déclenchement d'un son stressant (110 décibels) alors que pour le groupe «inévitable», aucun bouton ne permet de le faire. Le groupe contrôle ne participe pas à la phase préliminaire. Dans la deuxième partie de l'expérience, tous les groupes doivent tenter à nouveau d'éviter un bruit très fort mais qui apparaît cette fois-ci après un signal lumineux rouge. L'appui sur le bon bouton au cours de 18 essais d'apprentissage permet d'éviter le son stressant, mais encore faut-il que le sujet trouve le bon bouton … et la bonne table.

Alors que dans la deuxième phase le son est devenu évitable, le groupe «inévitable» (d'après la première phase) ne réussit pas à s'échapper dans 50 % des 18 essais (figure 3.2). Le groupe «évitable» profite bien de la phase préliminaire puisqu'il évite le son dans 82 % des essais, de même que le groupe contrôle. C'est effectivement l'apprentissage du caractère d'inévitabilité qui génère ce comportement de résignation ; ainsi, malgré les 18 essais (largement suffisants puisque le groupe contrôle apprend aussi bien que le groupe «évitable»), un tiers des sujets du groupe «inévitable» n'atteignent pas le critère d'évitement contre seulement 8 % pour les deux autres groupes.

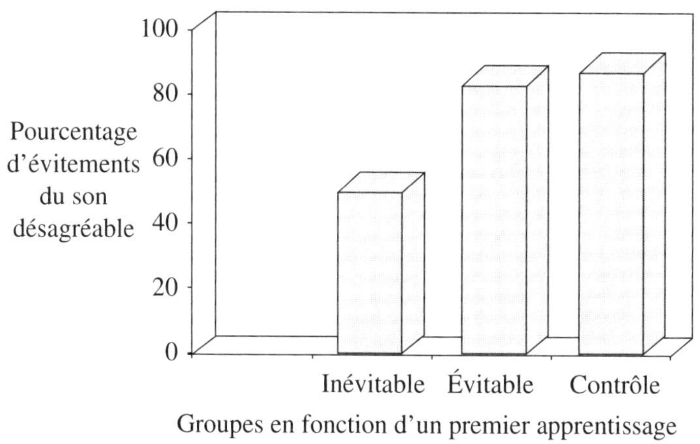

Figure 3.2 : *Les individus du groupe «Son inévitable» mettent plus de temps à éviter un son désagréable devenu évitable (d'après Hiroto, 1974).*

L'élément fondamental de cette découverte montre que la résignation n'est pas, comme on l'interprète souvent dans la vie courante, un trait de caractère, encore moins la marque du destin, mais le résultat d'un apprentissage.

3. LE DÉCOURAGEMENT EN FRANÇAIS ET EN MATHÉMATIQUES

Stéphane Ehrlich et Agnès Florin ont démontré l'importance du phénomène dans l'échec scolaire. Une observation avait montré que des élèves de CE2 (huit-neuf ans) faisaient de plus en plus de fautes au cours du premier trimestre de la rentrée. Après analyse du type de dictées données par les instituteurs, les auteurs montrèrent que le phénomène était assez facile à expliquer : à la rentrée, les dictées étaient très simples, mais elles augmentaient progressivement en difficultés – grammaire, vocabulaire, etc. –, de façon que les performances scolaires se dégradaient progressivement. Pour le démontrer expérimentalement (et constater ainsi qu'il ne s'agit pas d'une coïncidence ou d'une mauvaise interprétation), une série d'expériences furent réalisées, en français (lecture et questions de compréhension) ou en mathématiques (exercices d'arithmétiques).

À partir d'un objectif de base, correspondant à une performance moyenne antérieure des élèves, on augmentait la difficulté des séances de travail (espacées de quelques jours) de 25 %, 50 % ou 100 % (c'est-à-dire deux fois plus difficile dans le dernier cas). Trois types d'élèves ont été observés en fonction de leur performance au fil des trois séances. Certains élèves ont sans cesse progressé, atteignant environ 70 % de la performance moyenne de départ. Cependant, ils ne correspondent qu'à un tiers de la classe. Un deuxième ensemble d'élèves se révèle être en baisse lors de la troisième séance, soit par rapport au niveau atteint lors de la deuxième séance, soit même par rapport à la première séance ; ce fait est d'autant plus inquiétant que ces deux derniers groupes correspondent aux deux tiers de la classe.

	En hausse	En baisse < à séance 2	En baisse < à séance 1	Total
Élèves forts	4			4
Élèves moyens	4	4	4	12
Élèves faibles		5	3	8

Tableau 3.1 : *Répartition d'élèves de CE2 en fonction de leur niveau initial dans une situation de demande excessive (d'après Ehrlich et Florin, 1989).*

Comme les auteurs avaient pris la précaution d'identifier les élèves selon leur niveau d'origine (de forts à faibles), on peut observer à quels types d'élèves correspondent les performances en hausse ou en baisse. En fait, on s'aperçoit (tableau 3.1) que les seuls élèves en hausse étaient les plus forts du groupe. Sur les élèves moyens, seulement un tiers était en hausse, tandis que tous les élèves en baisse étaient des élèves faibles. Ainsi que le font remarquer les auteurs, la demande excessive augmente les disparités entre les élèves.

4. DÉCOURAGEMENT ET SURCHARGE EN GÉOGRAPHIE

Le phénomène de découragement en fonction de la demande excessive se retrouve, comme on peut s'en douter, dans d'autres matières et n'est pas spécifique aux jeunes élèves. Ainsi nous avions montré (Lieury, 1991) le même phénomène au cours d'un apprentissage d'une carte de géographie (l'Amérique) en fonction de la surcharge (addition de 24 pays à 24 villes) : plus on ajoutait de notions (de 1 à 24 noms de pays), moins l'apprentissage moyen de la classe était rapide.

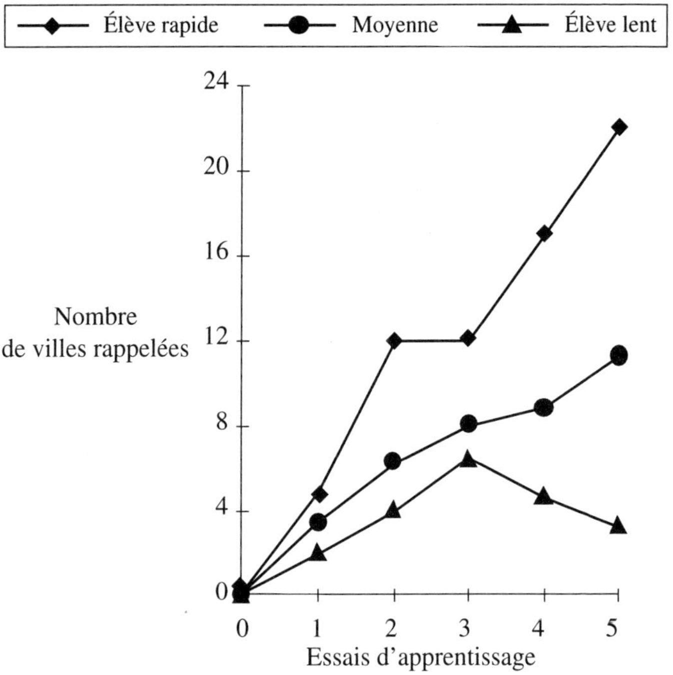

***Figure 3.3 :** Apprentissage du découragement pour les élèves faibles dans une carte surchargée (24 villes + 24 titres) (d'après Lieury, 1991).*

Mais en regardant les résultats individuels dans la condition de la carte la plus surchargée (figure 3.3), on s'aperçoit que certains élèves commencent à apprendre, un peu comme la moyenne des élèves, puis chutent complètement ; c'est l'apprentissage du découragement : au fur et à mesure des essais d'apprentissage, l'élève, notamment l'élève faible, ne perçoit pas de relation entre ce qu'il fait et les résultats de son action, il se démotive progressivement. Il s'agit bien d'un découragement appris (ou acquis) puisque les élèves en question ont des niveaux de performances inférieurs à ce qu'ils ont été capables de faire (par exemple au 3e essai, figure 3.3) ; ce n'est donc pas une question de compétence mais de motivation. Connaissant les répercussions végétatives de la résignation apprise, beaucoup de comportements d'élèves peuvent ainsi être expliqués, de la simple passivité à des dépressions graves pouvant conduire au suicide, comme au Japon.

5. C'EST LE PROF QUI NE M'AIME PAS !

Les phénomènes regroupés sous le terme de « résignation apprise » définissent un état dans lequel l'organisme a appris (consciemment ou inconsciemment) que les résultats sont incontrôlables par ses réponses, ce qui induit chez lui une passivité face aux événements négatifs qu'il rencontre (Maier & Seligman, 1976). Il est important de noter que le trauma occasionné par les chocs électriques, chez l'animal, ne suffit pas à expliquer la résignation puisque c'est seulement lorsque les chocs sont incontrôlables qu'il y a résignation. Il est très important de le souligner car on pourrait croire que la résignation n'apparaît que chez des enfants maltraités. Nous l'avons bien vu avec les expériences d'Ehrlich et de Florin ou avec les nôtres, le découragement se produit face à une situation trop difficile, mais exempte de punition.

Chez l'homme, l'explication en termes d'enchaînement, allant de l'événement incontrôlable jusqu'à la résignation, se complique par les représentations mentales et notamment, ainsi que les psychologues sociaux l'ont montré (Heider, etc.), par les attributions qu'il peut effectuer face à la situation incontrôlable. En effet, l'homme mis face à un événement incontrôlable va chercher les causes de ce manque de contrôle. Les théoriciens ont distingué trois axes principaux sur lesquels il est possible de distribuer les attributions des individus.

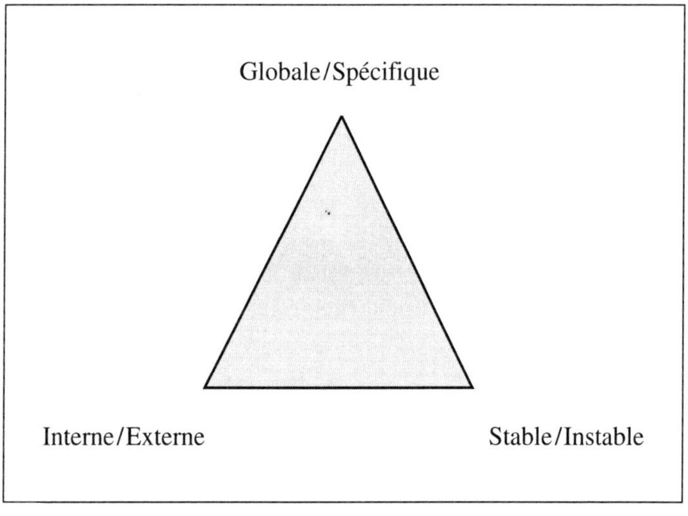

– *Attribution de causalité interne ou externe :*

L'individu peut attribuer son échec à des causes externes : par exemple, attribuer une faible performance de mémorisation au fait qu'il y avait trop de bruit lors de l'apprentissage. À l'inverse il peut estimer que son excellente performance est due à sa très bonne capacité de mémorisation, dans ce cas il lui attribue des causes internes.

– *Résignation globale ou spécifique :*

Quand la résignation apparaît dans toutes sortes de situations, on peut alors la qualifier de globale, tandis que si elle n'apparaît que dans certaines catégories de situations, elle est considérée comme spécifique. Par exemple, un individu peut attribuer un mauvais résultat en mathématiques à un faible quotient intellectuel (résignation globale) ou à une faiblesse spécifique dans cette matière (résignation spécifique).

– *État stable ou temporaire :*

En revanche, une des caractéristiques de la résignation apprise est la stabilité dans le temps ; on l'a vu dans les expériences sur l'animal, puisque l'inertie se prolonge dans une phase où l'animal pourrait s'échapper. Dans l'exemple du résultat en mathématiques un manque d'aptitude est un état stable, alors qu'un manque de révision est un état normalement temporaire (ou instable).

Au total, le croisement de toutes les combinaisons d'attributions donne huit cas de figure (2 x 2 x 2). Voici des exemples d'attributions que pourrait faire un élève en cas d'échec en mathématiques (ou toute autre matière) :

5.1. «LES PROFS SONT NULS» : LES ATTRIBUTIONS EN CAS D'ÉCHEC

La résignation apprise qui est exprimée par le classique «je suis nul», «j'arriverai jamais», etc., correspond à deux des huit combinaisons, celle d'une attribution stable et interne, soit globale ou spécifique.

Globale			
Interne		Externe	
Stable	Instable	Stable	Instable
Je suis nul partout	Je n'ai pas assez révisé	Les profs de cette classe sont nuls	Je n'ai pas eu de chance

***Tableau 3.2** : Exemples d'attributions globales d'un élève en situation d'échec en mathématiques.*

Le plus grave pour l'élève, de même que pour l'individu, étant la résignation acquise, on peut considérer comme une protection de l'estime de soi de faire des attributions externes, «les profs sont nuls», mais aussi instables, «j'ai pas donné le maximum», ou instable et externe, «j'ai pas eu de chance» (tableau 3.2). Ainsi, le succès de l'astrologie auprès de certains vient peut-être du fait qu'il s'agit là d'une attribution à la fois externe et instable (les astres étant en mouvement, les prédictions changent constamment), donc d'une protection maximale.

Spécifique			
Interne		Externe	
Stable	Instable	Stable	Instable
Je suis nul en géographie	J'ai fait une erreur	Le prof de géographie ne m'aime pas	J'avais fait l'impasse sur cette partie

Tableau 3.3 : *Exemples d'attributions d'un élève face à une situation d'échec en géographie.*

Dans l'attribution interne et stable mais spécifique (tableau 3.3), la résignation est spécifique à une matière. Il n'est pas certain que ce cas soit très fréquent à l'école car on note que les matières sont généralement corrélées (*cf.* Lieury, 1991). Ce cas devrait être moins grave, malheureusement dans un contexte de hiérarchie des matières (*cf. infra*), l'échec en mathématiques a certainement un retentissement plus grand et est perçu par bon nombre d'élèves comme un échec global. Si les disciplines étaient moins hiérarchisées, une attitude pédagogique d'encouragement consisterait à insister sur la spécificité de l'échec et à rechercher systématiquement chez l'élève en difficulté ses points forts pour les valoriser. Le «je suis nul» pourrait être suivi du «mais je suis bon ailleurs». Une telle pédagogie de «valorisation» peut se concevoir puisque nous avions montré (*Mémoire et réussite scolaire*) que c'est une fausse idée de voir dans les mathématiques le meilleur baromètre de la réussite, et que la plupart des autres matières sont équivalentes dans leur caractère prédictif de la réussite. Une pédagogie de la valorisation ne peut donc se faire que par le rétablissement de l'importance de la variété des matières (et ne plus valoriser excessivement les mathématiques, le baccalauréat C, etc.).

5.2. «JE SUIS GÉNIAL !» ATTRIBUTIONS EN CAS DE RÉUSSITE

En cas de réussite, naturellement, les mécanismes d'attribution existent aussi, mais avec une tendance inversée. En cas d'échec, l'élève ou l'individu a tendance à les attribuer de façon externe, des profs au système. Mais à l'inverse, la réussite est en général attribuée à soi-même, «je suis génial» ou «j'ai beaucoup révisé», plus fréquemment qu'à des causes externes, «j'ai beaucoup de livres à la maison».

Ainsi, chez les adultes, le destin qui est souvent invoqué en cas d'échec ou de malheur, l'est rarement en cas de réussite. Quand je réussis, je suis génial ; quand j'échoue, c'est le prof qui explique mal...

Globale			
Interne		Externe	
Stable	Instable	Stable	Instable
Je suis génial	J'ai beaucoup révisé	J'ai plein de livres à la maison	J'ai eu de la chance

***Tableau 3.4 :** Exemples d'attributions d'un élève face à une situation de réussite en mathématiques.*

Il est probable que la dimension globale/spécifique fonctionne de manière similaire, les attributions des échecs étant plus spéficiques et les attributions des réussites étant plus fréquemment globales. On entend rarement, «j'ai réussi en maths parce que mon grand frère m'a aidé à réviser» ou «je suis juste tombé sur la partie que j'avais révisée», l'impasse «positive» en quelque sorte...

Spécifique			
Interne		Externe	
Stable	Instable	Stable	Instable
Je suis bon en mathématiques	C'est la matière que j'ai le plus travaillée	Mon frère m'a passé tous ses livres de mathématiques	Je suis tombé juste sur la partie que j'avais révisée

***Tableau 3.5** : Exemples d'attributions d'un élève face à une situation de réussite en mathématiques.*

Certains auteurs ont noté que les attributions globales, stables et internes dans le cas d'une réussite amènent le sujet à se sentir compétent et à garder une sensation de contrôle de la situation. À l'inverse les attributions externes, instables et spécifiques en cas d'échec empêchent de se sentir compétent, mais donnent l'occasion de considérer le résultat comme seulement transitoire. La compétence perçue est en effet une composante essentielle de la motivation (*cf.* chapitre 4).

Un autre mode de compensation est de prendre le contrepied d'un système de valeur. Ce contrepied explique le succès du groupe d'humoristes, les Nuls, dont l'audience s'étend d'une chaîne de télévision au grand écran, tout comme celui des collections du type « informatique pour les nuls », qui se développent. On peut donc voir dans cette mode une réaction sociale des jeunes face à un système éducatif qui leur demande une charge de travail disproportionnée par rapport aux offres d'emploi correspondantes. Médiatiser les «nuls» devient une protection de l'estime de soi dans un système où la probabilité est forte d'être nul...

Fiche pratique 3

1. La résignation apprise apparaît quand l'élève ne perçoit plus l'utilité de son action.
2. Une demande excessive ou la surcharge produisent le découragement.
3. Les échecs sont souvent attribués à des causes externes (sauf pour la résignation), les réussites à des causes internes.
5. Une pédagogie de la valorisation peut éviter d'être un nul.

Je me plante...
mais ça m'intéresse !!!

IV. COMPÉTENCE ET AUTODÉTERMINATION

1. DE L'AUTODÉTERMINATION À LA CONTRAINTE

Les recherches sur la résignation apprise ont amené Deci et Ryan (*cf.* chapitre 2) à compléter leur théorie de l'évaluation cognitive, distinguant motivation intrinsèque et motivation extrinsèque, en incluant une troisième catégorie, l'amotivation ou absence de motivation, qui correspond donc à la résignation.

La motivation intrinsèque signifie que l'individu va effectuer une activité uniquement à cause du plaisir qu'elle lui procure. Pour cette raison, les études portant sur la motivation intrinsèque utilisent des activités qui sont jugées très intéressantes. Le temps que peut passer le sujet en dehors de toutes contraintes expérimentales est de ce fait une des meilleures mesures de la motivation intrinsèque. Une autre méthode, plus subjective, est de demander par voie de questionnaires (ou d'échelles de mesure, *cf. infra*) le plaisir et la satisfaction ressentis lors de l'exécution de la tâche.

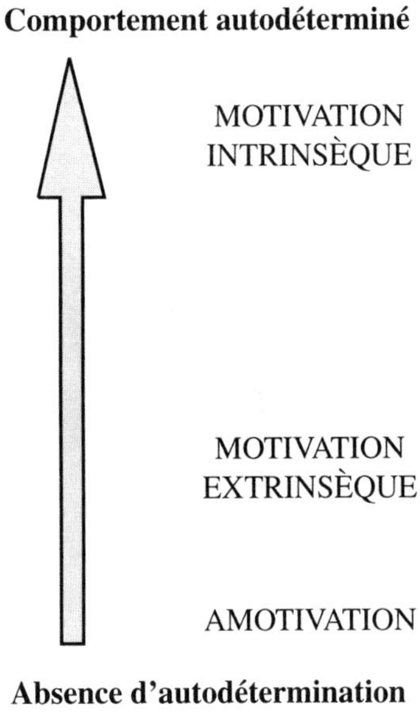

Figure 4.1 : *La motivation vue comme un continuum en fonction de l'autodétermination (schéma inspiré de la théorie de Deci & Ryan, 1985).*

La motivation extrinsèque fait référence à toutes les situations où l'individu effectue une activité pour en retirer quelque chose de plaisant, tel que l'argent, ou pour éviter quelque chose de déplaisant. Selon Deci et Ryan, la motivation extrinsèque peut être envisagée sur un continuum d'autodétermination. Au niveau le plus haut (figure 4.1), l'individu agit parce qu'il a le sentiment d'être autodéterminé. Au niveau le plus bas, il est amotivé lorsqu'il ne perçoit pas de relation entre ses actions et les résultats obtenus. Quelle que soit l'action, l'individu en perçoit les résultats comme indépendants de sa volonté ; c'est donc l'inverse extrême de l'autodétermination. Entre les deux, il existe une large gamme d'actions liées aux contraintes extérieures, telles que le souci de gagner de l'argent, d'être valorisé par des prix, de faire plaisir aux parents : ce sont les motivations extrinsèques.

Lorsque les individus sont intrinsèquement motivés, ils ont tendance à s'attribuer la cause de leur activité comme nous l'avons vu (« ça m'intéresse »), dès lors ils se sentent autodéterminés. Inversement, s'ils sont extrinsèquement motivés, la cause de leur activité leur apparaît externe (école obligatoire) et, par conséquent, ils se sentent moins autodéterminés. C'est ce qui explique la baisse de la motivation intrinsèque lorsqu'il y a des récompenses monétaires, une surveillance, l'imposition d'un temps limité, l'obtention d'un prix, bref tout ce qui est vu comme une pression, un contrôle, une contrainte… En fait, toute contrainte externe est perçue comme une diminution du « libre arbitre ».

2. LA COMPÉTENCE PERÇUE

D'autres recherches montrent que le sentiment d'autodétermination (ou inversement de contrôle) n'est pas le seul à agir sur la motivation mais aussi le sentiment de compétence perçue. Appelée par d'autres « estime de soi » (Murray), dérivée elle-même de l'ego de Freud, cette composante de la compétence a été ajoutée pour expliquer les effets complexes de la connaissance des résultats (en anglais *feedback*, littéralement « retour d'information»). En effet, les bons résultats augmentent la motivation intrinsèque tandis que les mauvais résultats, comme on le conçoit aisément, diminuent la motivation intrinsèque. Le succès «grise», «on a les chevilles qui enflent»... Bref, les bons résultats augmentent le sentiment de compétence perçue. Néanmoins, dans une situation de contrôle – diminuant le sentiment d'autodétermination – les bons résultats, prix, etc., n'agissent que sur la motivation extrinsèque et donc n'incitent pas forcément les élèves à réviser par eux-mêmes. C'est ce qui montre que la motivation intrinsèque est vraiment la résultante de deux composantes et non d'une seule.

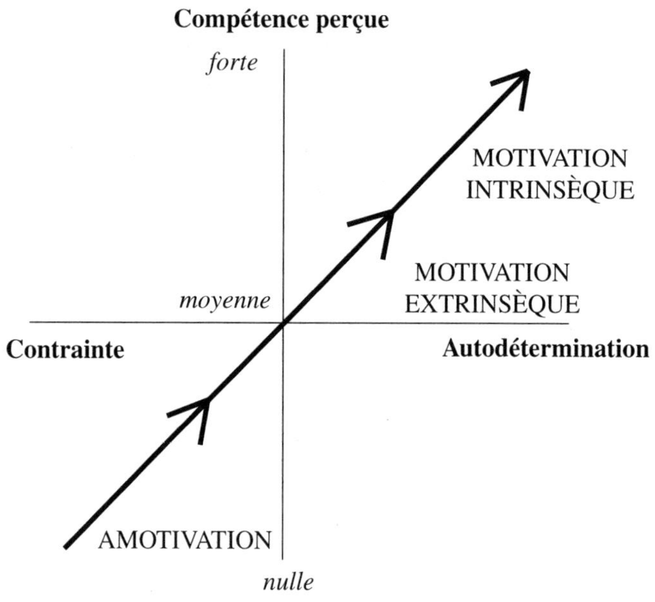

Figure 4.2 : *Les deux composantes de la motivation (schéma inspiré de la théorie de Deci & Ryan).*

L'effet de ces deux composantes peut être résumé par un schéma (figure 4.2). Un haut degré de compétence perçue allié à un sentiment d'autodétermination, « on ne m'oblige pas », produit la motivation intrinsèque : c'est le passionné. L'inverse extrême en est la contrainte associée à un sentiment de nullité, et qui conduit à l'amotivation ou, en d'autres termes, à la résignation apprise. La motivation extrinsèque correspond donc à la large gamme entre ces deux extrêmes, et l'on imagine la variété des degrés qui existent en fonction des sentiments de compétence et du sentiment de liberté ou au contraire de contrainte. Par exemple, certains sportifs, fortement payés, peuvent rester intrinsèquement motivés par leur sport, dans la mesure où, non payés, ils continueraient à jouer.

3. INTÉRÊT, ENNUI ET CIE...

Que la motivation soit la résultante de deux « forces », l'autodétermination et la compétence perçue, explique bien certains résultats qui paraissent paradoxaux, notamment une absence de corrélation (ou corrélations très faibles) entre des résultats objectifs concernant la performance et les intérêts déclarés dans certains questionnaires. Rappelons que la corrélation est un coefficient statistique qui exprime le degré de relation entre deux séries de notes entre 0 et 1. On n'atteint jamais 1 et les fortes corrélations se situent entre 0,60 et 0,90. Par exemple, la corrélation entre l'histoire-géographie et la biologie est de 0,76 (on dit plutôt .76 que l'on prononce « point 76 » dans l'usage anglo-saxon) ; ce qui signifie que les élèves ayant une bonne note en géographie ont souvent de bonnes notes en biologie et que des élèves ayant des notes faibles en géographie sont souvent ceux qui ont de faibles notes en biologie. Une corrélation nulle (.00) ou faible (en dessous de .30) reflète une absence complète de relations, ce qui montre que des élèves forts dans une matière se distribuent au hasard dans l'autre matière comme c'est le cas, par exemple, entre l'histoire et le dessin ou le sport.

Dans une impressionnante recherche de Françoise Aubret, de l'Institut national d'orientation (INETOP), portant sur un millier d'élèves et regroupant 48 classes de 16 collèges, les corrélations ont été calculées entre des questionnaires d'intérêts littéraires et scientifiques (ainsi que d'autres tests) et l'appréciation scolaire globale avec le niveau d'orientation ; ce dernier est noté 1 si l'élève est parti après la 3ᵉ et jusqu'à 5 en cas de réussite au baccalauréat.

Alors qu'on aurait pu penser que les élèves exprimant le plus d'intérêts (soit scientifiques, soit littéraires) seraient ceux qui iraient le plus loin dans les études (la corrélation dans ce cas serait élevée), les résultats (tableau 4.1) montrent une absence de relation (.13 et .16 sont des corrélations très faibles) ; seule l'appréciation scolaire est bien corrélée avec la poursuite des études. Une interprétation de ce résultat étonnant de prime abord est de supposer que l'intérêt exprimé par des élèves représente essentiellement la motivation intrinsèque. Or l'école étant obligatoire, le sentiment d'autodétermination des élèves est probablement extrêmement varié, des élèves que l'école intéresse à ceux qui se sentent complètement contraints et forcés. Certains élèves peuvent aimer (autodétermination) une discipline, l'enseignant, ou les études, et réussir ou ne pas réussir. À l'inverse, certains n'éprouvent pas de passion particulière pour la discipline et peuvent soit réussir, soit ne pas réussir, ce qui, au total, produit l'absence de corrélation entre les performances et l'intérêt.

	Niveau d'orientation (de 1 à 5)
Intérêts littéraires	.16
Intérêts scientifiques	.13
Appréciation scolaire	.60

Tableau 4.1 *: Corrélations entre des questionnaires d'intérêts et le niveau d'orientation après la 3e (d'après Aubret, 1987).*

Rappelez-vous que lorsque vous étiez plus jeunes, vous auriez voulu être pilote d'avion ou dompteur, ou encore maîtresse d'école, et puis on s'aperçoit qu'il faut faire des mathématiques pour être pilote, ne pas avoir peur pour être dompteur, etc. Compétence et intérêt peuvent être deux choses indépendantes...

Un résultat identique avait été trouvé dans une de nos recherches en 5e de collège lorsque nous avions voulu vérifier une affirmation de la psychanalyste Françoise Dolto : « S'ennuyer à l'école est une preuve d'intelligence » (Monde de l'Éducation, avril 1979). Des tests de raisonnement et de mémoire encyclopédique (vocabulaire des matières scolaires, *cf.* Lieury, 1991) avaient été mis en relation avec la moyenne scolaire annuelle de huit classes de 5e d'un collège. Pour évaluer l'ennui, l'élève devait cocher une case dans la colonne ayant une petite tête souriante ☺ (je ne m'ennuie pas) ou dans celle qui a une tête triste ☹ (je m'ennuie) pour les huit matières testées (histoire, géographie, éducation civique, biologie, physique, mathématiques, français, langues...).

Si le raisonnement et plus encore la mémoire encyclopédique sont bien corrélés avec les résultats scolaires, l'ennui a une corrélation nulle (le signe – n'a pas d'importance lorsque la corrélation est nulle, sinon il signifie une relation inverse : *cf.* tableau 4.2). Dans l'ensemble, les élèves (environ 200) déclarent être un peu intéressés (note de + 2 en moyenne). L'estimation subjective de l'ennui/intérêt représente donc vraisemblablement la composante contrainte/autodétermination (sentiment d'aimer «librement» la discipline). Mais cette composante apparaît largement indépendante de la performance, ou compétence.

	Raisonnement	Mémoire encyclopédique	Moyenne annuelle (5e)
Ennui ☹	– .04	– .06	.05
Raisonnement	–	.40	.50
Mémoire encyclopédique			.72

Tableau 4.2 : *Corrélations entre l'ennui et la réussite scolaire comparées au raisonnement et à la mémoire encyclopédique chez des élèves de 5e (195 élèves) (d'après Lieury* et al., *1992).*

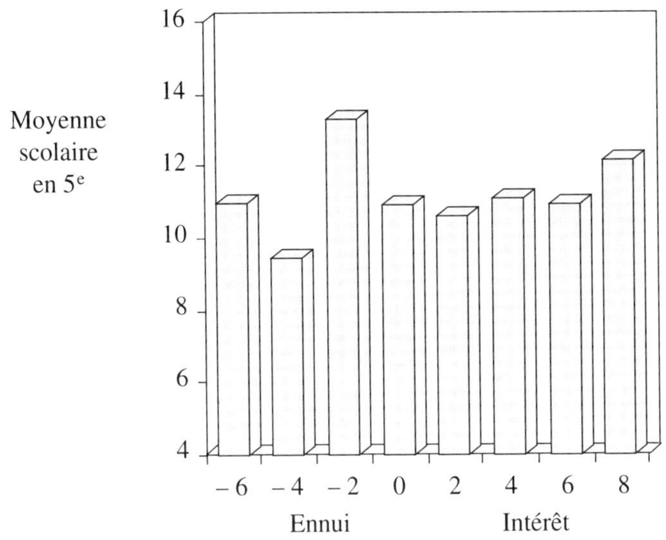

Figure 4.3 : *Absence de relation entre l'ennui et la réussite scolaire chez des élèves de 5ᵉ (195 élèves) (d'après Lieury* et al., *1992).*

N.B. : L'ennui est noté de – 8 (ennui très fort) à + 8 (je ne m'ennuie pas du tout).

Ainsi s'aperçoit-on (figure 4.3) que des élèves très intéressés (note de + 6) ont une moyenne scolaire de 10,9 sur 20, c'est-à-dire aussi peu que des élèves qui s'ennuient (note – 1). D'autres élèves, s'ennuyant modérément (note – 2), ont une bonne moyenne scolaire de 13 sur 20, autant que les élèves fortement intéressés (+ 7). C'est le danger de tirer des conclusions à partir de quelques cas, par exemple, dans le cabinet de consultation ou sur ses propres enfants, notamment dans le cas d'une corrélation nulle. En effet, dans la corrélation nulle par définition, c'est le hasard. Si par hasard, on rencontre un bon élève qui déclare s'ennuyer, on va dire comme la psychanalyste : « S'ennuyer à l'école est une preuve d'intelligence » ; si, à l'inverse, on rencontre par hasard un bon élève qui ne s'ennuie pas, on dira « pour être bon, il faut être motivé », etc. L'arbre cache parfois la forêt tout entière…

4. PLUS J'APPRENDS ET PLUS JE M'ENNUIE !!!

L'ennui augmente également lorsque le sentiment de contrainte est grand, ainsi que nous l'avons trouvé au cours d'une recherche-action dans un Centre de formation pour apprentis. Avec les enseignants, nous avions mis en place un apprentissage en plusieurs essais pour apprendre la définition de mots clés. L'apprentissage se déroulait en six essais et portait sur les concepts importants d'un cours de gestion commerciale. Cette méthode avait été mise au point car l'expérience montrait qu'après leur stage de trois semaines en entreprise, les apprentis ne se rappelaient plus du tout du cours.

L'apprentissage sémantique des mots clés montrait une réelle progression au cours des six essais (figure 4.4). De plus, cet apprentissage était résistant puisque le test de connaissance donnait encore des résultats corrects après trois semaines de stage (non montrés sur la figure).

À chaque essai d'apprentissage, on demandait aux élèves d'apprécier leur motivation à l'épreuve en cochant une case parmi les cinq, de « ça m'intéresse beaucoup » (qui était notée 5), jusqu'à « si je pouvais, je partirais » (noté 1 point). Paradoxalement, alors que l'apprentissage (et donc la compétence) augmentait au fil des essais, la motivation baissait régulièrement. Il semble donc que la tâche d'apprentissage soit vue comme contraignante, embêtante, notamment du fait de son caractère répétitif, et contraire à l'autodétermination. La monotonie semble par conséquent entraîner une baisse de la motivation intrinsèque (intérêt), vraisemblablement par une baisse du sentiment d'autodétermination.

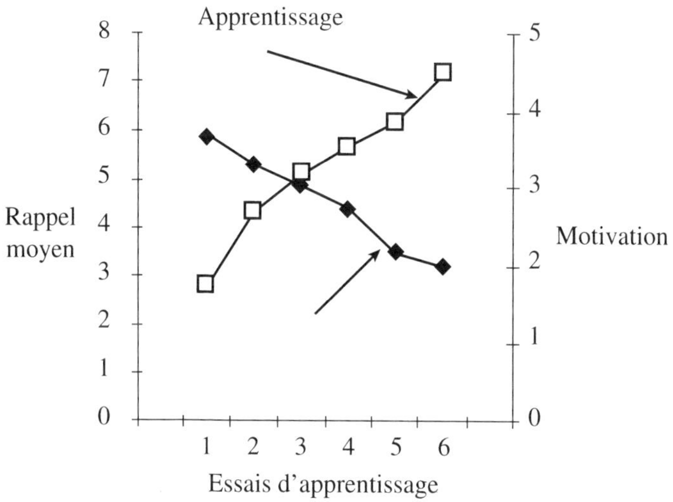

Figure 4.4 : *Apprentissage et motivation (gestion) (A. Lieury, B. Tomeh, M. Dragée, C. Infray, D. Largeau, N. Ovide-Arnaud et X. Trancart).*

N.B. : La motivation maximum est de 5.

À partir de ces résultats, on remarque le paradoxe de la motivation. Une faible motivation – ennui, sentiment de contrainte, etc. – peut être associée à une bonne performance, et inversement. Lorsque, populairement, on attribue une bonne performance à la motivation ou au contraire quand on dit : « Mon enfant n'apprend pas parce qu'il n'est pas motivé », il s'agit de la motivation intrinsèque, c'est-à-dire qu'elle est associée à l'intérêt, au libre arbitre, etc. En réalité, la motivation extrinsèque est également efficace si elle est associée à un sentiment de contrainte, notamment l'obligation d'aller à l'école ou l'obligation de participer à une expérience d'apprentissage qui, pour le plus grand nombre, n'est pas considérée comme de la motivation. Le terme de « motivation » dans l'usage courant correspond à la motivation intrinsèque.

5. ACTEUR OU SPECTATEUR...

Comment faire ? Comment faire apprendre, répéter, ce qui est nécessaire sur le plan des mécanismes de la mémoire, mais sans ennuyer et même si possible en suscitant l'intérêt ? Nous avons donc essayé une autre méthode lors d'une autre recherche-action dans le même Centre de formation pour apprentis, qui est basée sur le principe d'une répétition, mais dans différents contextes (facilitant une mémorisation de type sémantique, *cf.* Lieury, 1992). Par ailleurs, nous avons essayé de jouer sur l'implication des élèves grâce à un jeu de rôles.

La phase 1 de l'apprentissage multi-contextes est la description d'une société prototypique, la SARL (1er contexte). La description se fait sous forme d'un jeu de rôles où cinq élèves lisent le rôle d'actionnaires décidant de fonder une société. La phase 2 (2e contexte) est constituée d'un exercice collectif de définitions supervisées par l'enseignant. Dans la phase 3 (3e contexte), les concepts principaux de la SARL sont reliés dans un réseau sous forme d'un exercice collectif.

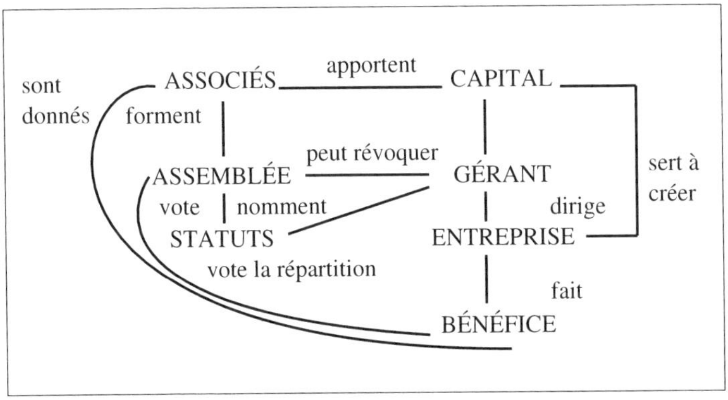

Dans la phase 4, le contexte d'apprentissage n° 4 est une généralisation dans un tableau à double entrée des autres principaux types de sociétés en référence à la SARL, prise comme prototype. Le 5e contexte est constitué d'un bilan collectif qui sert de nouvel apprentissage à partir d'un rappel (questions) et de sa correction collective sans que les élèves soient notés (aspect informatif et non de contrôle du bilan, *cf. infra*). Enfin, le contexte d'apprentissage n° 6 est le stage en entreprise qui devait être connecté au cours en faisant remplir par l'apprenti un questionnaire sur le type de société de son stage. La séquence se termine par un bilan noté après le stage.

Phase 1	Phase 2	Phase 3	Phase 4	Phase 5	Phase 6	Phase 7
Prototype et jeu de rôles	Définitions en collectif	Schéma des relations	Générali-sation sur tableau	QCM + Correction collective (= bilan)	Travail de stage connecté (type de société)	Bilan collectif sur rapport stage

***Tableau 4.3** : Schéma de la méthode d'apprentissage multi-contextes en gestion.*

Par ailleurs, pour évaluer les progrès réalisés, un test (QCM) est appliqué, soit avant la séquence d'apprentissage (Prétest), soit après la séquence d'apprentissage en fin de semaine (Test S, entre les phases 5 et 6) et enfin après le bilan de stage, c'est-à-dire trois semaines plus tard (post-test ou Test 3).

Les résultats sont très positifs (figure 4.5), puisque, même si le cours est considéré comme difficile (nombreuses notions, relations complexes entre notions, organisation à double entrée…), il y a une forte augmentation de la performance, de 8 % lors du prétest à 46 % en fin de semaine (Test S), toutefois avec un faible oubli puisque le score au test après les trois semaines de stage est encore de 41 %.

Sachant que le premier contexte d'apprentissage était un jeu de rôles, on peut supposer que la motivation est plus élevée pour les acteurs, sans doute est-elle de nature intrinsèque, puisqu'ils étaient volontaires. Les scores des élèves acteurs ont donc été comparés à ceux des spectateurs. Comme on s'y attend, les acteurs se révèlent plus forts déjà dans le prétest. Le volontariat dans une activité exprime par conséquent la motivation intrinsèque, qui résulte d'une bonne compétence perçue (bons élèves) et d'un libre arbitre (non obligé).

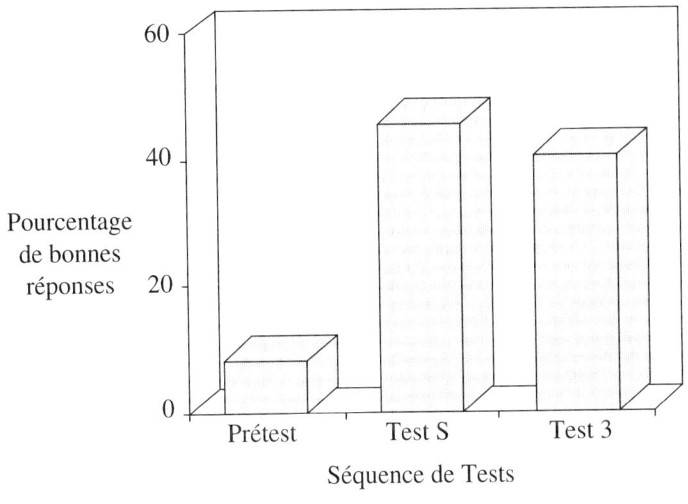

Figure 4.5 : *Effets de l'apprentissage multi-contextes pour la gestion financière (20 élèves-apprentis) (Lieury A., Buchart D., Dragée M., Largeau D., Piednoël D. et Tomeh B.).*

Nous avons réalisé deux groupes appariés, c'est-à-dire en ne prenant parmi les spectateurs que les élèves ayant un score équivalent à celui des acteurs, d'après le prétest (figure 4.6 b). Alors qu'il n'y a aucune différence entre les « acteurs » et « spectateurs » sur la base du test de fin de semaine, l'effet de l'implication (motivation intrinsèque) est très fort à long terme. En effet, au cours du post-test effectué après les trois semaines de stage, les acteurs ont un score de 80 %, tandis que les « spectateurs » appariés n'obtiennent que 45 %. La motivation intrinsèque, c'est-à-dire, ici, l'implication personnelle dans le rôle d'acteur permet une performance élevée et stable.

a) Groupes « naturels »

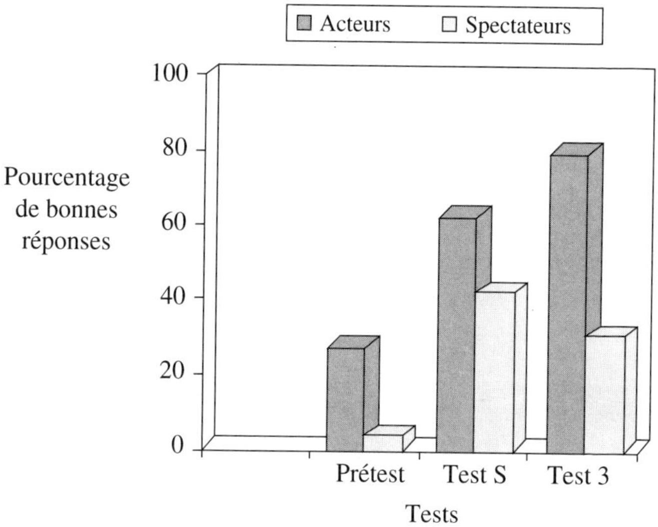

b) Groupes appariés

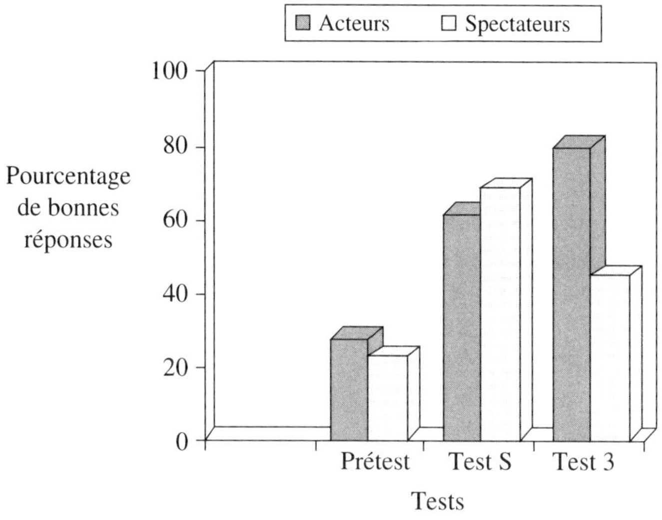

Figure 4.6 : *Effets de l'implication dans le jeu de rôles (phase 1) pour les groupes naturellement constitués (a) et pour les groupes appariés (b).*

En conclusion de cette série d'expériences, les différents types d'élèves peuvent être représentés sur le schéma inspiré des deux axes de Deci et Ryan, la compétence perçue et l'autodétermination (figure 4.7). Les élèves qui sont dans une situation contraignante, répétitive, développent un sentiment d'ennui pouvant s'extérioriser dans la classe. L'élève «moyen» est plutôt spectateur et apprend de préférence par la motivation extrinsèque (stimulé par les parents, les notes, les prix...), et, enfin, l'élève «acteur» est celui qui se perçoit comme compétent et qui a pu choisir librement l'activité.

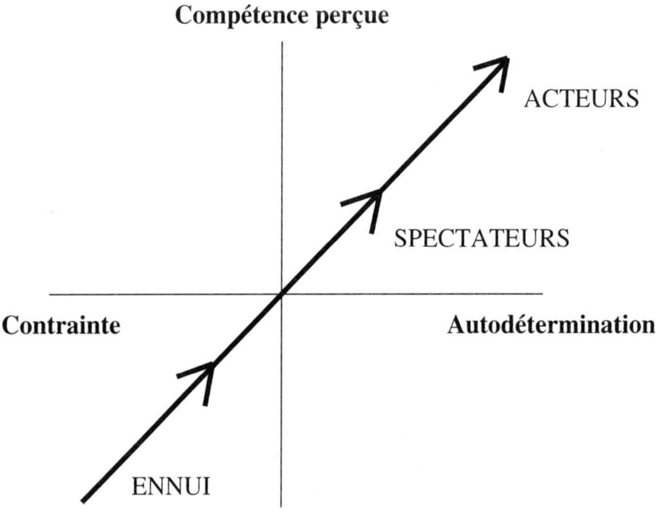

***Figure 4.7** : Acteurs et spectateurs.*

Sur cette base, il semble donc intéressant de développer les activités susceptibles d'accroître une motivation intrinsèque, notamment les dossiers personnels ou collectifs, les exposés... De ce point de vue, la méthode Freinet, qui est largement fondée sur l'initiative personnelle, sur des activités de groupe autodéterminées, comme la rédaction d'un journal entre écoles, etc., est certainement un bon exemple.

6. LES STYLES DE L'ENSEIGNANT : «CONTRÔLANT» OU «INFORMANT»

Les effets différents de la réussite ou de l'échec selon le contexte ont été également étudiés dans le cadre de la théorie de l'évaluation cognitive où les récompenses et contraintes fonctionnent suivant deux aspects : un aspect de contrôle, celui précisément de la récompense ou de punition (ou de l'évaluation sociale), et un aspect informationnel qui renseigne l'individu sur son niveau de compétence. Par exemple, une bonne note agit comme une récompense mais informe aussi que l'élève est compétent ou qu'il a trouvé une solution. Ainsi, a-t-il été montré que chez l'homme, contrairement à l'animal, un résultat négatif peut être utile car informatif. De cette façon, une erreur dans un problème peut rapprocher de la solution finale par l'élimination des stratégies improductives. Mais on comprend que l'erreur dans ce cas ne doit pas être connotée négativement par l'enseignant, et encore moins publiquement (attribution d'échec), car cette fois elle n'aura que l'aspect de contrôle et baissera la motivation comme un renforcement négatif.

Partant de ces deux aspects, Deci, Ryan et leurs collègues ont étudié deux grandes catégories de style d'enseignement, le «contrôlant» et «l'informant». Sur environ 900 élèves (classes équivalentes du CM1 à la 6e), on observe des corrélations moyennes (tableau 4.4) entre le style des enseignants, la motivation intrinsèque et la compétence perçue : ceci signifie que les enseignants dont le style est plus informatif (montrer le type d'erreur, etc.) ont tendance à améliorer la motivation intrinsèque (la curiosité par exemple) et l'estime de soi de leurs élèves. À l'inverse, les enseignants plutôt contrôlants (par exemple, en punissant les devoirs mal faits) ont tendance à causer une diminution de la motivation intrinsèque de leurs élèves et de la compétence perçue, ou estime de soi. Le même phénomène s'observe à l'échelon du climat de la classe.

	Élève	Climat de la classe
Motivation (curiosité)	.44	.37
Compétence perçue	.43	.54

***Tableau 4.4** : Corrélations entre le style de l'enseignant, la motivation de l'élève et le climat de la classe (889 élèves) (d'après Edward Deci, John Nezlek & Louise Sheinman, 1981).*

Afin de définir plus précisément les caractéristiques de ces deux styles et leur raison d'être, la même équipe a simulé une situation d'enseignement, avec des étudiants devant jouer le rôle de professeur auprès d'un autre élève, pour effectuer une tâche de puzzle ; cette situation de laboratoire permet d'enregistrer en vidéo le comportement du «professeur».

Le style était induit expérimentalement chez le «professeur informant» en lui disant : «votre rôle est de faciliter l'apprentissage à construire des puzzles», «il n'y a pas d'exigences spécifiques de performance», «votre job est simplement d'aider...». Pour induire le style «contrôlant», on dit : «votre rôle est de vous assurer que l'étudiant apprend à résoudre des puzzles», «c'est la responsabilité d'un professeur d'être sûr que les étudiants atteignent des performances normales», «si, par exemple, votre étudiant est testé, il doit être capable de bien faire». Les résultats indiquent clairement que le style contrôlant diminue l'autonomie de l'étudiant, le temps que passe le professeur à parler est deux fois plus important, avec trois fois plus de directives, mais inversement cinq fois moins de puzzles sont résolus par l'élève seul (2,06 contre 0,4). L'estime de soi de l'élève en prend également un sérieux coup puisqu'il s'entend adresser presque trois fois plus de critiques (tableau 4.5). Sachant que l'expérience était entièrement conçue avec une affectation au hasard des styles, on voit bien ici que le style n'est pas seulement une question de caractère (autoritaire...), mais qu'il peut être également généré par la pression sociale. On imagine bien quels types de classes sont les plus susceptibles de générer le style contrôlant, les classes préparant aux examens du brevet, du CAP, du bac, de la prepa...

Moyenne d'ordres/ actions en 20 mn	Professeur informant	Professeur contrôlant
Directives («fais ceci»...)	13,25	45,47
Questions de contrôle	4,65	7,63
Critiques (négatives)	1,75	4,26
Temps passé à parler	4 mn 65 s	8 mn 10 s
Puzzles résolus seuls par l'étudiant	2,06	0,40

Tableau 4.5 : *Différences de comportement entre le «professeur» contrôlant et le «professeur» informant (d'après Deci, Spiegel, Ryan, Koestner & Kauffman, 1982).*

Sans doute l'institution scolaire confond-elle trop souvent l'aspect informatif, «bonne réponse» ou «mauvaise réponse», dans le contrôle des connaissances avec l'aspect évaluation sociale, «bons» et «mauvais». Se fonder sur l'aspect informatif favorise la motivation intrinsèque (intérêt, curiosité) et l'estime de soi. Cette pratique pédagogique aurait également pour intérêt de rendre les résultats de l'épreuve plus spécifiques (« je peux réussir un exercice et en rater un autre »), alors que l'évaluation de la personne donne une fonction de stabilité (« je suis bon » ou « je suis nul ») aboutissant à la résignation.

Sachant que certains professeurs pratiquent même l'acharnement évaluatif, « tu n'arriveras à rien », « votre place n'est pas ici », etc., on comprend pourquoi le fait de changer parfois un élève de classe ou d'établissement modifie complètement ses résultats ; nouvellement placé en situation d'anonymat, il n'est plus résigné. Le compteur de l'évaluation sociale est remis à zéro.

Fiche pratique 4

1. La motivation intrinsèque est la résultante de deux sentiments : la compétence perçue et l'autodétermination.
2. L'intérêt (motivation intrinsèque) est diminué par la contrainte (obligation, répétition...).
3. Les « acteurs » réussissent mieux que les « spectateurs ».
4. L'enseignement de style « contrôlant » baisse la motivation intrinsèque (curiosité) et l'estime de soi.

L'effort...
une épée à double tranchant !!!

V. L'EGO OU LA TÂCHE ?

1. L'EGO OU LA TÂCHE ?

Comme on pourrait l'imaginer, la compétence perçue dépend des résultats de notre activité et de l'effort fourni. Cependant, les résultats sont compliqués et ne peuvent être expliqués que s'ils sont mis en rapport avec le type d'implication de l'individu. Pour le chercheur qui a proposé initialement cette distinction (Richard de Charms, 1968), l'implication par rapport à l'ego représente une situation dans laquelle un échec est ressenti comme une attaque de l'estime de soi (« Sa Majesté le Moi », écrivait Freud) et représente donc une motivation extrinsèque où la pression sociale a un rôle déterminant. À l'inverse, l'implication par rapport à la tâche inclut l'intérêt pour la tâche, et la volonté de progresser, avec une attribution interne de l'origine de la motivation (motivation intrinsèque de Deci et Ryan).

Voyons tout d'abord l'effet de la connaissance des résultats. Deci et Ryan avaient insisté pour montrer que celle-ci avait un double rôle, non seulement informatif, « je sais si je me trompe ou si j'ai pris la bonne solution », mais aussi contrôlant, « c'est bien ou c'est mauvais ». Ce double rôle apparaît nettement dans une expérience où le sujet est différemment impliqué dans une activité de figures cachées. L'orientation par rapport à la tâche est induite par une simple présentation de l'activité alors que pour induire une orientation par rapport à l'ego, on ajoute que cette activité représente un test d'intelligence créative et qu'elle mesure le QI (quotient intellectuel). Chacun des groupes d'étudiants ainsi constitué est subdivisé selon le type de connaissance des résultats. Dans la condition informante, on annonce simplement que le score est au-dessus ou en dessous de la moyenne, tandis que dans la condition «contrôlante», l'information est évaluative, «c'est très bien, vous faites un bon travail» ou «c'est mauvais, vous devriez faire mieux».

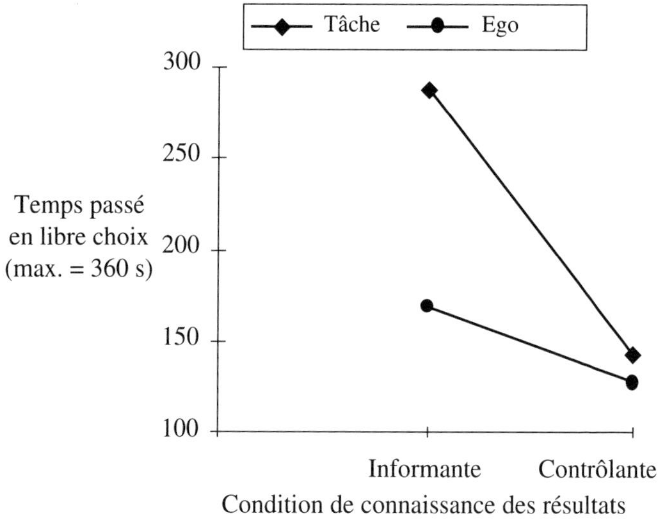

Figure 5.1 : *La connaissance des résultats a des effets différents selon le type d'implication (d'après Deci, 1982).*

La motivation intrinsèque est mesurée, de la même manière que dans les expériences de Deci et Ryan, par le temps passé à faire des puzzles dans une pièce où il y a par ailleurs des magazines récents ; les sujets étant observés sans qu'ils le sachent. D'une manière générale, tout ce qui est perçu par le sujet comme une pression diminue la motivation intrinsèque (mesurée par le temps passé en libre choix). Ainsi, lorsque la connaissance des résultats est informative (figure 5.1), la motivation intrinsèque est moins forte dans l'orientation par rapport à l'ego (évaluation). Mais si la connaissance des résultats apparaît comme un contrôle, elle «casse» la motivation intrinsèque dans les deux types d'orientation.

2. L'EFFORT... UNE ÉPÉE À DOUBLE TRANCHANT !!!

«Tu n'as pas de bons résultats parce que tu ne fais pas assez d'efforts !!!» Il semble évident pour la plupart d'entre nous que les résultats seront proportionnels à l'effort fourni. Selon la formule attribuée à Victor Hugo : «Le génie, c'est dix pour cent d'inspiration et quatre-vingt dix pour cent de transpiration».

Néanmoins, comme l'ont montré les travaux de John Nicholls, de l'université Purdue dans l'Indiana, la sensation d'effort se modifie complètement en fonction du type d'orientation. Dans ses études sur les différents niveaux scolaires, Nicholls avait remarqué une évolution de la dynamique motivationnelle. Chez les jeunes enfants, les notions d'aptitude et d'effort sont peu différenciées. Ainsi pour un enfant, les choses sont simples :

« Si je fournis un effort, je serai bon », « si je fais peu d'effort, je serai mauvais ». Effort et aptitude sont ainsi confondus et non différenciés. Le jugement de l'enfant est ainsi subjectif, il émet un jugement par rapport à lui-même et non par rapport à une norme. À l'inverse, chez les adolescents et les adultes, l'effort dans l'apprentissage n'est pas confondu avec une bonne aptitude. Par exemple, Alexandre s'aperçoit qu'il a de très bonnes notes en histoire, alors qu'il a l'impression de travailler moins que les autres et d'être très bon sans faire d'effort. Alexandre différencie donc l'effort de l'aptitude. Élodie « rame » en biologie : « c'est galère », dit-elle, ou « prise de tête » ; pourtant, elle a l'impression de travailler d'arrache-pied. Elle se sent nulle malgré ses efforts : elle différencie, elle-aussi, effort et aptitude. Chez les adolescents donc, l'effort est différencié de l'aptitude, vue cette fois comme une capacité. D'un côté, cette perspective est plus objective, en ce sens qu'elle provient d'une comparaison avec les autres, mais d'un autre côté, elle est plus dangereuse pour l'estime de soi.

Chez l'adulte, les perspectives dépendent des buts. Dans les situations, appelées par Nicholls, « d'implication par rapport à la tâche », la perspective moins différenciée est suffisante, la sensation de compétence est proportionnelle à la sensation d'effort fourni. C'est l'intérêt pour la tâche et l'amélioration de la compétence qui sont recherchés, et non les renforcements extrinsèques. L'implication par rapport à la tâche correspond par conséquent à la motivation intrinsèque.

En revanche, pour Nicholls, la conception différenciée est plus probable lorsque la situation implique une comparaison de soi avec les autres, c'est-à-dire une situation de comparaison sociale. Pour désigner cette situation, Nicholls reprend le terme «d'implication par rapport à l'ego». Sachant que notre société, en particulier le système scolaire, met le plus souvent en œuvre des situations de comparaison sociale, l'implication par rapport à l'ego est donc susceptible de se produire dans les situations d'évaluation et de compétition sociale.

Seule face à sa collection de timbres ou de papillons, Véronique a passé beaucoup de temps, tout est bien classé... elle toute contente : c'est l'implication par rapport à la tâche. En revanche, elle a passé beaucoup de temps et a dépensé beaucoup d'efforts à jouer du piano. Mais le jour où elle a écouté Rubinstein (implication par rapport à l'ego), alors là elle s'est trouvée si nulle qu'elle a revendu son piano !

Bien que rejoignant la théorie de l'évaluation cognitive (Deci & Ryan, 1985), la théorie de Nicholls permet en plus d'interpréter le double aspect de l'effort : l'effort est valorisant dans l'implication par rapport à la tâche (intrinsèque) mais dévalorisant dans l'implication par rapport à l'ego (extrinsèque). Un peu comme les pièces des puzzles qu'affectionnent Deci et Ryan, le concept d'effort perçu et le type d'implication s'insèrent bien dans le puzzle des paramètres de la motivation : la compétence perçue dépend elle-même de deux mécanismes, l'effort perçu et l'implication par rapport à la tâche.

On observe bien ce changement de l'effort perçu dans une expérience où les auteurs (Jagacinski & Nicholls, 1984) ont simulé quatre situations avec quatre groupes d'étudiants. Dans un scénario d'implication par rapport à la tâche, le sujet doit imaginer qu'il aide un professeur dans la fabrication d'exercices de mathématiques et qu'il en construit 8 sur 10. L'implication par rapport à l'ego est simulée par un scénario où il participe à un test d'aptitude en mathématiques et qu'il en réussit 8 sur 10. Dans les deux types d'implication, la condition «effort bas» est suggérée en faisant imaginer aux sujets qu'ils ne se sont pas impliqués et qu'ils ont passé leur temps en griffonnages. La condition «effort élevé» est suggérée dans les scénarios où l'on présente les sujets comme très impliqués. Enfin, dans l'implication par rapport à l'ego, l'individu est décrit dans le scénario comme ayant aussi bien réussi que les autres, mais en fournissant un effort moins important.

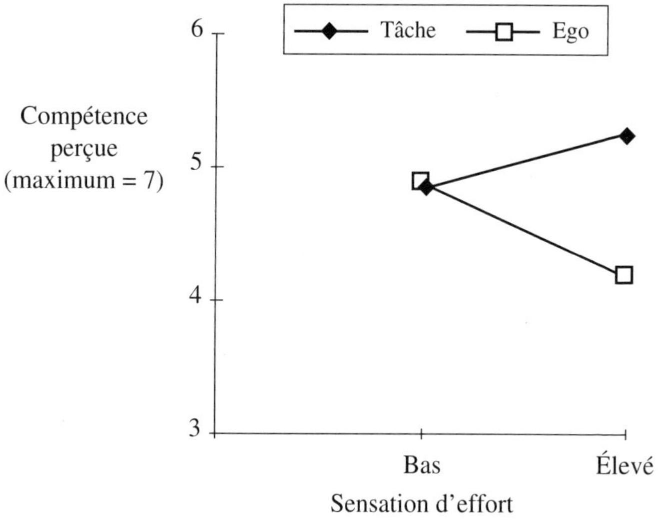

Figure 5.2 : *L'effort n'amène un sentiment de compétence que dans une implication par rapport à la tâche (d'après Carolyn Jagacinski & John Nicholls, 1984, exp. 3).*

Après avoir lu plusieurs fois le scénario le concernant, l'étudiant doit indiquer sur une échelle comment il se sent : par exemple, 1 = rien du tout, 4 = modérément compétent, jusqu'à 7 = extrêmement compétent. Les résultats indiquent (figure 5.2) bien le renversement de la compétence perçue en fonction de l'orientation. Lorsque l'étudiant a été entraîné dans un scénario d'implication par rapport à la tâche, il se sentait d'autant plus compétent qu'il avait fourni des efforts. Mais à l'inverse, la compétence perçue paraît plus élevée quand l'étudiant a imaginé qu'il avait réalisé la tâche à la légère (en passant son temps à griffonner), dans un scénario d'implication par rapport à l'ego.

L'origine de certains sentiments pourrait ainsi s'expliquer par ce double aspect de l'effort, et dans la même expérience l'étudiant devait s'estimer sur d'autres échelles, tels les sentiments de fierté et de culpabilité. Tout d'abord, le sentiment de fierté, qu'on sait être fort chez l'enfant et qui est valorisé dans l'éducation, suivrait le modèle de la compétence perçue. Impliqués par rapport à la tâche, les étudiants sont d'autant plus fiers qu'ils ont fait des efforts (imaginés dans le scénario). Mais à l'inverse (figure 5.3.), impliqués par rapport à l'ego, ils ne sont pas fiers d'avoir fait beaucoup d'efforts. C'est le cas typique de l'étudiant qui déclare avoir fait ses études en dilettante, sous-entendant par là qu'il est génial…

Néanmoins, ce sentiment de supériorité (faible effort dans l'implication par rapport à l'ego) ne va pas sans un certain sentiment de culpabilité, pour avoir fourni peu d'efforts, de même que dans l'implication par rapport à la tâche. Le sentiment de culpabilité ainsi que les sentiments avec une tonalité morale seraient donc liés à la sensation d'un faible effort fourni, quel que soit le type d'implication.

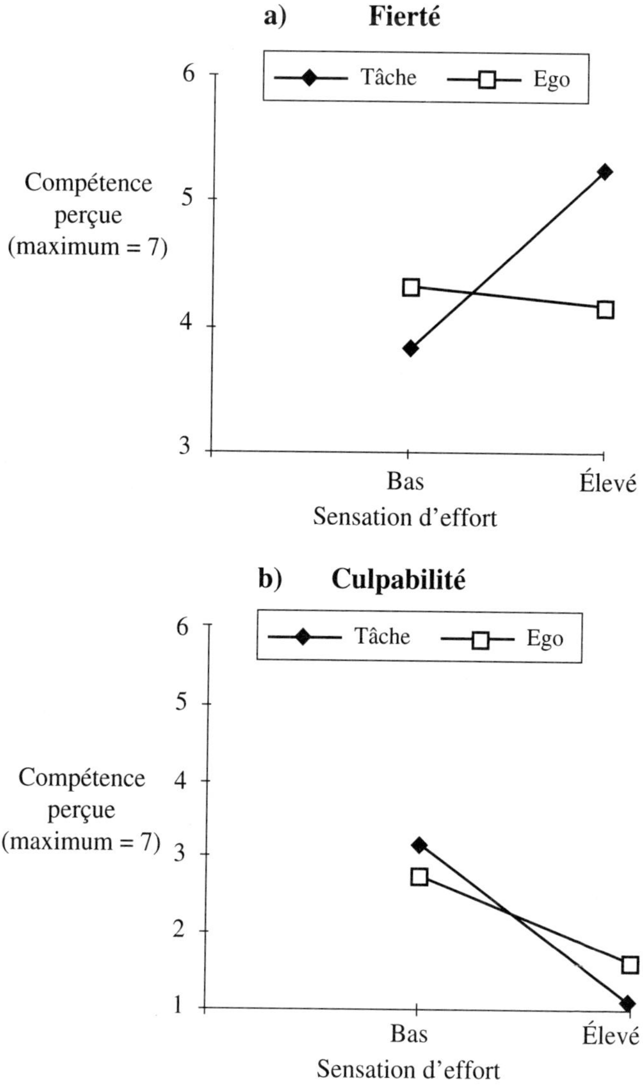

***Figure 5.3** : L'origine de certains sentiments en fonction du type d'implication et de l'effort perçu (d'après Carolyn Jagacinski & John Nicholls, 1984, exp. 3).*

«L'effort est comme une épée à double tranchant» (expression de Covington et Omelich, 1979) uniquement lorsque l'ego est impliqué. Pour la pratique éducative, les situations impliquant l'ego, notamment la comparaison sociale et la compétition, génèrent, selon Nicholls, une inégalité sur le plan de la motivation puisqu'elles dévalorisent l'effort et qu'elles sont les plus susceptibles d'augmenter le nombre d'élèves ou d'étudiants se jugeant incompétents (parce que la tâche est difficile). Créer des situations d'implication par rapport à la tâche est donc un objectif pédagogique intéressant, en ce sens qu'il valorise les efforts et l'apprentissage.

3. ANONYMAT ET COMPÉTITION SOCIALE

Les expériences sur l'effort (Nicholls) étant imaginatives, l'effet de compétition sociale est encore plus démonstratif dans les expériences, en milieu scolaire, de Jean-Marc Monteil, psychologue social à l'université de Clermont-Ferrand, et de ses collègues (Monteil, 1993). Par ailleurs, une nouvelle dimension sociale apparaît, l'anonymat…

Les élèves, de deux niveaux scolaires (bon ou faible), suivent un cours de biologie. Dans une première situation, les élèves sont informés qu'aucun d'entre eux ne sera interrogé pendant la leçon, ce que les auteurs appellent la condition «anonymat». Dans la deuxième situation, ils sont avertis qu'ils seront individuellement interrogés, c'est la condition «individuation». Sachant que dans cette partie de l'expérience, les élèves ne sont pas publiquement informés sur leur niveau respectif, l'activité se déroule sans comparaison sociale ni personnelle (figure 5.4 b), ce qui correspond pour les auteurs précédemment vus (*cf.* Nicholls, *supra*) à une implication par rapport à la tâche. Dans ces conditions, le contexte d'anonymat ou d'individuation ne joue pas et les bons élèves obtiennent à nouveau les meilleurs scores dans le test de connaissances, strictement basé sur le contenu du cours. Il y a probablement indifférenciation entre effort et aptitude ; les uns et les autres faisant le maximum d'efforts, c'est la différence de niveau antérieur qui fait la distinction.

En revanche, si un contexte de comparaison sociale est introduit (implication par rapport à l'ego pour Nicholls, *cf. supra*), les différences de statut scolaire se retrouvent dans la condition « individuation », tandis qu'elles sont abolies dans la condition « anonymat ». Dans cette condition, les élèves qui étaient classés comme « bons » le sont moins tandis que les élèves initialement « faibles » obtiennent des scores supérieurs, comme si les bons étaient moins motivés à faire des efforts puisque leur statut n'est pas en jeu.

D'autres recherches de l'auteur et de ses collègues permettent d'en éclairer les mécanismes. Pour l'une d'elles, on fait passer une épreuve à des élèves considérés comme faibles en mathématiques. En donnant de faux résultats lors de cette épreuve, on fait croire à la moitié d'entre eux qu'ils ont réussi (attribution de réussite) et à l'autre moitié qu'ils ont échoué (attribution d'échec). Or, en situation d'anonymat, ceux qui ont bénéficié d'une attribution de réussite devancent les autres (attribution d'échec). Pourtant, ils étaient égale-

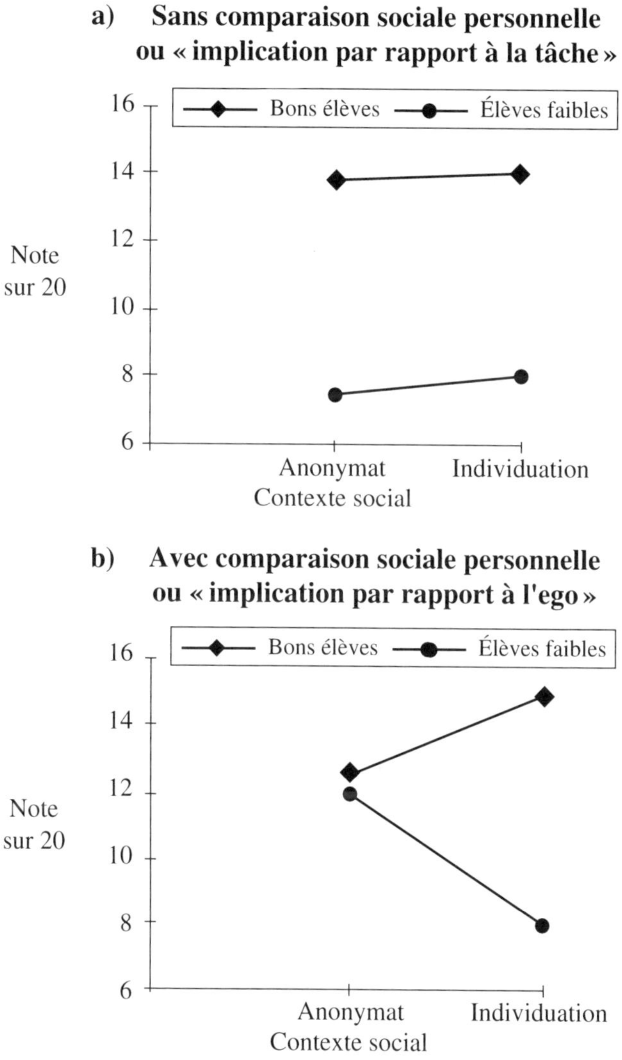

Figure 5.4 : *Suppression de la différence fort/faible en fonction du contexte social (d'après Monteil, 1993).*

ment faibles au départ. Mais à l'inverse, en situation d'individuation (individuellement interrogés), l'attribution de réussite fait qu'ils réussissent moins bien. La théorie de Monteil est fondée sur la mémoire autobiographique qui structure les informations concernant les souvenirs individuels, de sorte que le statut académique de bon ou de mauvais élève est intégré en mémoire : Monteil le nomme le « schéma de soi scolaire ». Dans la condition « individuation », les élèves ne se sentent donc « pas en mesure d'assumer publiquement » (Monteil, p. 68) leur nouveau statut de bons élèves comme s'ils étaient habitués à l'échec. Ceci rejoint les travaux sur la résignation acquise dont la stabilité était une dimension essentielle. Il n'y a pas de résignation chez un élève s'il pense que son échec est temporaire, mais seulement s'il pense qu'il est nul de façon stable. Les recherches de Monteil montrent en conséquence une piste de remédiation pédagogique, qui passe par l'anonymat.

4. LA HIÉRARCHIE DES MATIÈRES

Ces processus sont amplifiés par le statut « social » des matières qui, comme chacun le sait, sont hiérarchisées, avec les mathématiques au sommet de la pyramide, bien que cette hiérarchie ne soit pas justifiée scientifiquement (*cf.* Lieury, *Mémoire et réussite scolaire*) puisqu'on trouve que la plupart des matières sont prédictrices de la réussite scolaire, notamment la biologie et l'histoire-géographie.

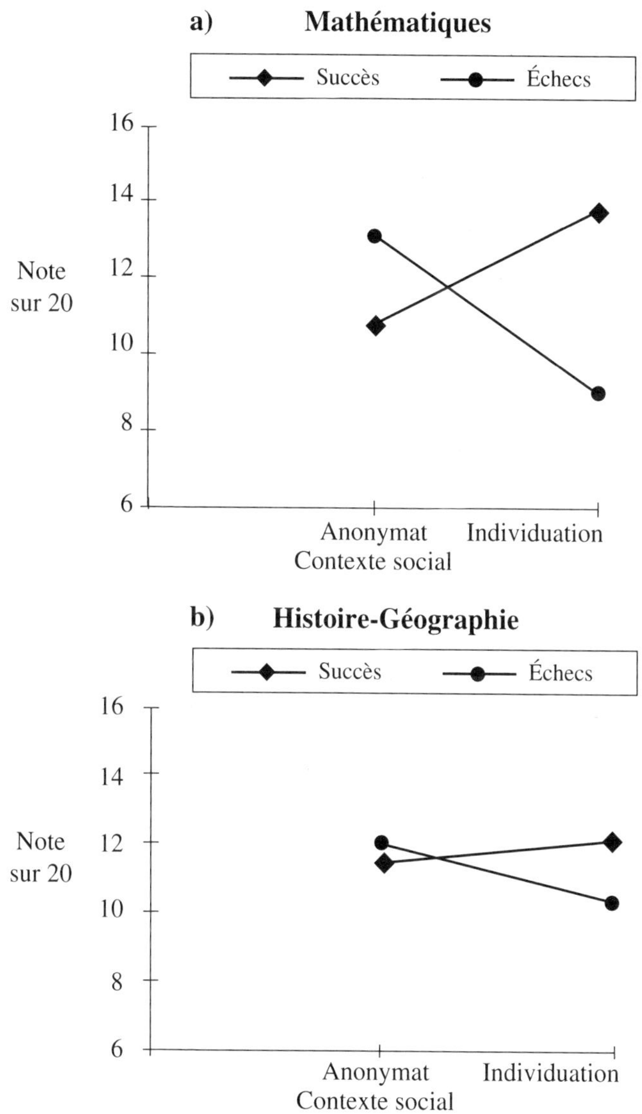

Figure 5.5 : *L'effet de la hiérarchie des matières (d'après Monteil, 1993).*

Ainsi, une expérience d'attribution aléatoire d'échec ou de réussite fut menée sur des bons élèves cette fois. Ceux à qui l'on a fait croire qu'ils étaient forts (attribution de réussite ou «succès» sur la figure 5.5) étaient bons en condition d'individuation, c'est-à-dire lorsqu'ils s'attendaient à une interrogation en public, mais le résultat est inversé en condition d'anonymat comme s'ils étaient moins motivés. Ils n'ont cherché à atteindre leur statut que si une confrontation sociale existait. Cette baisse en situation d'anonymat va dans le sens de l'interprétation de la compétition par Deci en termes de motivation extrinsèque : c'est comme si l'élève se disait : «Si personne ne le sait, pourquoi montrerai-je que je suis fort». Mais cette disparité diminue en fonction de la matière (histoire-géographie) jusqu'à disparaître en technologie (non représentée sur la figure).

Faites croire aux gens qu'ils sont bons et ils feront des progrès. De sorte que sur ce plan, comme sur beaucoup d'autres, un équilibre est à trouver : d'une pédagogie de la positivité à la démagogie de certaines méthodes, sectes ou gourous, il n'y a pas loin…

Fiche pratique 5

1. La connaissance des résultats baisse la motivation intrinsèque en situation d'évaluation.
2. Dans une implication par rapport à l'ego, un gros effort fourni est perçu comme une baisse de compétence.
3. Pour valoriser l'effort, il faut impliquer l'élève par rapport à la tâche (sans évaluation ou compétition sociale).
4. L'anonymat permet (situation de compétition sociale) une meilleure performance pour les élèves faibles.
5. Évitez la hiérarchie des matières.

La difficulté,
fil de l'équilibriste !!!

VI. BUT DE PERFORMANCE ET BUT D'APPRENTISSAGE

Dans de nombreuses recherches entreprises sur la résignation apprise en milieu scolaire, Carol Dweck, de l'université de l'Illinois, et son équipe ont montré que les enfants démoralisés s'estiment moins responsables de l'échec ou du succès, et qu'ils tendent à attribuer leurs performances davantage à leurs capacités naturelles (idée d'une intelligence «fixe») qu'à leurs efforts spécifiques. Carol Dweck a donc fait une expérience au cours de laquelle elle amenait les enfants résignés à attribuer leurs échecs à un effort insuffisant plutôt qu'à un manque d'habileté. Ce changement appris d'attribution (ou lieu de causalité) a conduit les enfants résignés vers une plus grande persistance dans la tâche expérimentale et également à avoir de meilleures performances.

Pour elle, la résignation est essentiellement un comportement mal adapté, et des situations identiques sont perçues de façon différente par des enfants qui poursuivent deux grandes catégories de but, un but de performance ou un but d'apprentissage.

1. RÉSIGNATION ET MAÎTRISE

Dans une expérience type, des enfants de niveau fin du primaire sont préalablement classés (d'après leurs attributions spontanées et d'après une échelle sur des cas de réussite ou d'échec) selon leur orientation, résignation ou maîtrise. Par la suite, les enfants travaillent sur huit problèmes, dits de succès, et sur quatre derniers problèmes, dits d'échecs, c'est-à-dire impossibles à résoudre. Les problèmes (formation de concepts) sont construits de façon à pouvoir détecter les changements de stratégies. Après les six premiers problèmes, ils sont encouragés à exprimer ce qu'ils ressentent à propos de la tâche et doivent prévoir leur performance avant chaque problème. Tous les enfants résolvent effectivement les problèmes de succès. À ce stade, aucune différence, par exemple dans les stratégies, n'est observée entre les enfants des deux orientations. De même, les verbalisations montrent un égal intérêt dans la tâche pour les deux groupes d'enfants. Cependant quand arrivent les problèmes d'échecs, deux modèles émergent.

Premièrement, les enfants résignés attribuent leurs échecs à une inadéquation personnelle, citant spontanément une déficience de l'intelligence, de la mémoire, ou des habilités requises pour la tâche. Alors les enfants n'espèrent plus réussir. De plus, ils commencent à avoir des sentiments négatifs. Principalement, ils expriment une aversion envers la tâche, ils déclarent qu'elle est ennuyeuse, et se révèlent anxieux et ceci en dépit du fait que peu de temps auparavant ils déclaraient que la tâche et la situation étaient agréables. De même, plus des deux tiers des enfants résignés s'engagent dans une verbalisation inadéquate par rapport à la tâche. Par exemple, ils vont tenter de modifier les règles de la tâche, ou encore, ils vont parler de leurs talents dans d'autres domaines. Les auteurs présument qu'ils tentent d'éveiller l'attention en dehors de leurs performances actuelles ; ainsi au lieu de concentrer leurs ressources pour atteindre le succès, ils tentent de redorer leur blason d'une autre façon. Enfin, les auteurs constatent chez les enfants résignés une détérioration de leurs performances au cours des essais. En particulier, ces enfants montrent un clair déclin de leurs niveaux stratégiques avec les problèmes d'échecs et 60 % d'entre eux s'orientent vers des stratégies inadéquates, caractéristiques des enfants pré-scolarisés, qui ne permettent en aucun cas de résoudre les problèmes.

Les enfants orientés vers la maîtrise ne paraissent pas penser être en échec. En fait lorsqu'ils sont confrontés à l'échec, ils voient les problèmes insolubles comme un défi personnel à relever (non comme une compétition sociale). Avant la fin des essais ils s'orientent vers une grande variété de solutions. Par exemple, ils orientent leurs réponses dans une voie précise, ils peuvent également se donner des instructions pour augmenter leurs efforts et leurs niveaux d'attention. D'un autre coté, ils vont garder un fort optimisme concernant la fructification de leurs efforts. Les deux tiers d'entre eux prévoient la réussite des problèmes suivants. Enfin, 80 % de ces élèves gardent le niveau de stratégie qu'ils avaient avant les problèmes d'échecs et 25 % augmentent leurs niveaux de stratégie durant la tâche d'échec.

2. POURQUOI LES ENFANTS RÉSIGNÉS N'AIMENT PAS LES MATHÉMATIQUES...

Les enfants orientés vers la résignation ne tombent vraiment dans l'échec que lorsque la tâche est difficile, de sorte que Barbara Licht et Carol Dweck ont suggéré une explication intéressante de la fréquente résignation en mathématiques. Pour elles, les mathématiques impliquent de nombreux changements d'unités de connaissance dans le secondaire, avec l'algèbre, la géométrie, etc., par rapport au simple calcul. Ce qui n'est pas forcément le cas en français, par exemple, où les difficultés sont plus continues. Le changement brutal pourrait donc créer une situation difficile pour les élèves ayant une orientation vers la résignation et les plonger dans l'échec.

Pour montrer si une telle hypothèse est concevable, les auteurs ont présenté à des élèves de fin du primaire des textes de psychologie. Ces textes sont formulés, soit de façon claire et accessible pour des enfants de cet âge, soit au contraire ils sont volontairement confus, avec un vocabulaire complexe.

La confusion ne gêne pas les élèves orientés vers la maîtrise de la tâche alors qu'en revanche, les élèves ayant une attitude de résignation échouent presque deux fois plus (figure 6.1).

Carol Dweck insiste pour montrer que les élèves orientés vers la résignation ne sont pas les plus faibles (dans les expériences, les niveaux préalables sont équi-

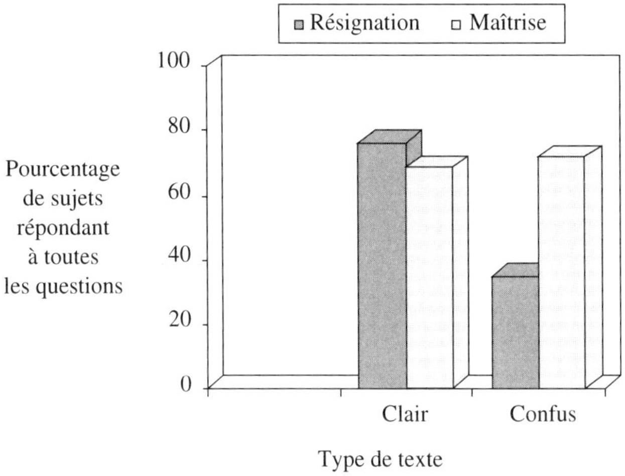

Figure 6.1 : *Un cours confus plonge dans l'échec les élèves orientés vers la résignation (d'après Barbara Licht voir & Carol Dweck, 1984).*

valents) ou pour ceux qui le sont du fait d'un passé d'échec, comme le montrent les expériences où des nouvelles tâches sont proposées (par exemple, les puzzles de l'équipe de Deci et Ryan ou le cours de psychologie de Dweck), la nature de l'activité en elle-même peut provoquer l'échec. Ainsi, toute matière nouvelle présentant des difficultés, de la confusion, etc., est largement susceptible de décourager les élèves qui ont une orientation vers la résignation.

Vous n'avez pas compris ce dernier paragraphe ??? C'est normal : ce passage était volontairement confus, avec des phrases longues, enchâssées, pour illustrer l'expérience. En voici donc la traduction :

Est-ce que ce sont les plus faibles qui sont orientés vers la résignation ? Non, car dans l'expérience de Carole Dweck, les élèves sont de niveaux équivalents. Sont-ils résignés à cause d'un passé d'échec ? Non plus, car on prend soin de présenter des tâches toutes nouvelles : par exemple, des puzzles intéressants (expériences de Deci et Ryan) qui ne soient pas une discipline scolaire ; ou encore, le cours de psychologie (dans cette expérience de Dweck), matière inconnue pour ces élèves. C'est donc la présentation de l'activité en elle-même qui peut provoquer l'échec. Ainsi, toute présentation confuse, complexe, technique, etc., a de grandes chances de décourager les élèves résignés.

Ces expérimentations ont amené Carole Dweck (notamment avec Ellen Leggett, 1988) à proposer une explication plus générale en termes de buts permettant aux individus d'interpréter leurs actions et de réagir aux événements. Dans le domaine de l'intelligence, deux catégories de buts sont à distinguer. Les buts de performance, dans lesquels les individus recherchent un jugement favorable sur la performance, et les buts d'apprentissage, où les individus sont plus concernés par l'amélioration de leur compétence. Tandis qu'un but d'apprentissage oriente vers la maîtrise de la tâche, un but de performance fragilise le sujet car celui-ci doit impérativement être fort ; s'il est faible, il s'oriente vers la résignation. La distinction entre but de performance et but d'apprentissage (*cf.* Dweck et Legget) ressemble à la distinction entre une implication par rapport à l'ego (= but de performance) et une implication par rapport à la tâche (= but d'apprentissage), qui est reprise par beaucoup d'auteurs.

Ces types de buts semblent associés à de véritables « théories implicites » de l'intelligence. Ceux qui ont des buts d'apprentissage ont le plus souvent une conception d'une intelligence malléable s'améliorant avec l'apprentissage, les efforts, etc. Au contraire, ceux qui ont des buts de performance sont plutôt des individus (ou des élèves) ayant une conception « fixiste » de l'intelligence, des capacités innées, etc. Dans un de leurs articles, les auteurs remarquent d'ailleurs avec ironie qu'Alfred Binet avait une conception constructiviste de l'intelligence, mais les tests de QI dérivés de son test initial ont largement été interprétés comme mesurant une intelligence innée.

3. PLUS C'EST DIFFICILE... PLUS J'AIME ÇA !!!

Le but peut également être envisagé comme un score à atteindre, ou un défi personnel à relever (au niveau individuel, donc sans compétition sociale). Dans cette optique, Edwin Locke (1967), qui travaille à l'université du Maryland et aussi dans une école de commerce et de gestion, avait observé que les étudiants obtenant les meilleurs scores à une épreuve étaient également ceux qui s'étaient donnés un but élevé avant l'épreuve. Locke a donc émis l'hypothèse selon laquelle le niveau de l'effort sur une tâche est largement tributaire du but que le sujet se fixe consciemment.

Pour le démontrer, quatre groupes équivalents de sujets doivent effectuer une succession de plusieurs petites additions. Soit il y a ou non connaissance des résultats, soit un but difficile ou vague est fixé. Un but vague est induit par la consigne : «faites de votre mieux», et le but difficile est présenté comme susceptible de représenter un défi personnel à relever. Un but se définit comme difficile lorsque 10 % des sujets du groupe sans but l'ont atteint lors d'une session donnée. La tâche d'une durée d'une heure est fractionnée en sessions, séparées par quelques minutes de repos, ce qui permet à l'expérimentateur d'ajuster le but au cours de chaque session : si le sujet n'a pas atteint le but alors ce dernier est diminué pour la prochaine session ; par contre si le sujet atteint le but, il est légèrement augmenté pour la session suivante.

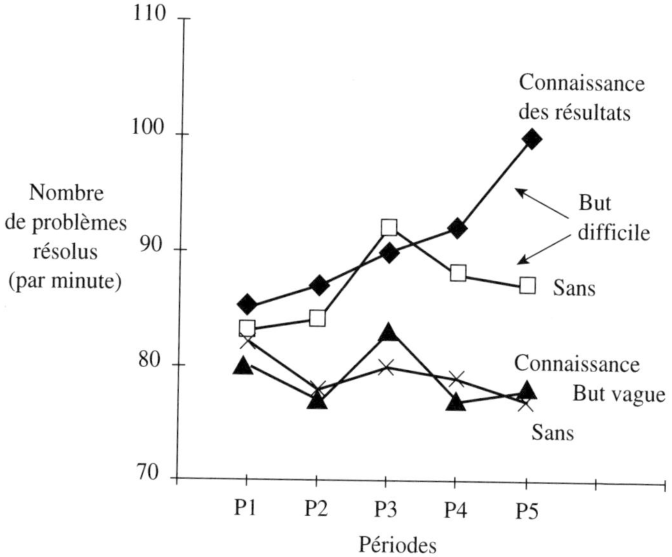

***Figure 6.2** : Efficacité d'un but difficile d'autant plus que l'on connaît les résultats (d'après Locke, 1967).*

Il faut absolument remarquer que même le but difficile est un but accessible et ne correspond pas aux conditions inaccessibles (par exemple, de 50 à 100 % de difficulté) qui créent la résignation (*cf.* chapitre 3 § 3).

Les résultats pris sur l'ensemble des sessions (figure 6.2) montrent que les sujets ayant eu un but difficile ont de meilleurs résultats que les autres puisqu'ils arrivent à résoudre environ 100 problèmes, contre environ 80 dans le même temps. La connaissance des résultats améliore d'ailleurs nettement le score lorsqu'un but est fixé alors qu'elle paraît sans effet lorsque le but est vague.

D'autres recherches de différents auteurs indiquent (deux conditions nécessaires pour qu'un but conduise à une meilleure performance. La première est la difficulté du but, c'est-à-dire que les buts difficiles mènent à une meilleure performance que les buts de moyenne ou de faible difficulté. La deuxième est la spécificité du but. De nombreuses recherches ont trouvé qu'un but spécifique et compétitif amène à de meilleurs résultats qu'un but vague, telle cette injonction : « Faites de votre mieux ». Un exemple de but spécifique est un but quantitatif, tel que le nombre précis d'additions que le sujet doit effectuer dans un temps donné, tandis qu'un but vague serait, par exemple, de donner le nombre approximatif d'additions à atteindre lors d'une expérience qui comporte plusieurs sessions. C'est du reste ce que font souvent les enseignants, la pratique courante étant plutôt un but spécifique, « vous ferez les exercices n° x ou y », que vague, « vous ferez quelques exercices »...

Pour ces auteurs, le but est d'abord vu comme un mécanisme ayant un impact motivationnel. Ici la motivation explique la direction, l'intensité (effort) et la durée (persistance) d'une action. Les buts vont diriger l'attention et l'action ; par exemple, les sujets vont passer plus de temps à apprendre un texte avec un but difficile. En plus de ces trois premiers mécanismes, le but va influer sur un autre aspect indirect, le développement de stratégies qui, elles-mêmes, vont permettre d'atteindre le but fixé. Certaines expériences montrent que les sujets avec un but spécifique sont plus enclins à employer des stratégies d'apprentissage que ceux qui n'ont pas de but. En fait, les recherches sont en accord avec le fait que les individus doivent développer ou identifier des stratégies avant que le but ne soit en mesure d'augmenter leurs performances. Ceci suppose, par exemple, que l'expérimentateur leur transmet des consignes stratégiques, et leur donne suffisamment d'entraînement avant la session expérimentale. Il apparaît que ni la seule connaissance des résultats ni le but seul ne sont suffisants pour augmenter les résultats. Par contre, le but et la connaissance des résultats ensemble apparaissent suffisants pour augmenter la performance.

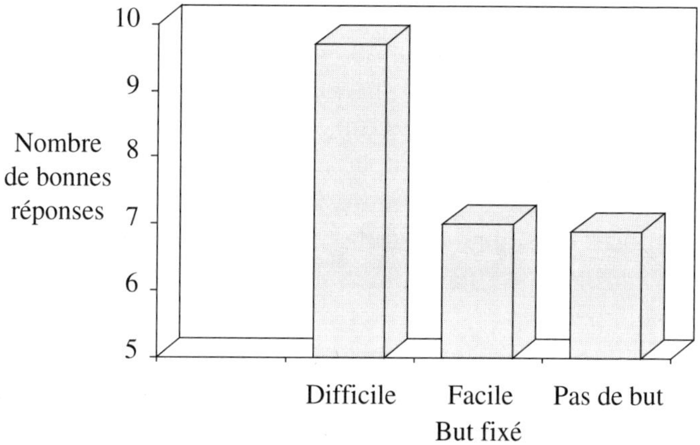

Figure 6.3 : *Effet du but fixé sur le rappel d'un texte (d'après Laporte et Nath, 1976).*

Dans ce type d'étude le temps d'apprentissage n'est pas limité, c'est pourquoi les auteurs observent que les sujets ayant un but spécifique sont ceux qui passent le plus de temps à apprendre le texte. Cependant, même en fixant un temps, le but spécifique difficile améliore les performances (figure 6.3).

4. LA DIFFICULTÉ, FIL DE L'ÉQUILIBRISTE !!!

Les recherches qui ont associé la mémoire à la théorie des buts ont porté généralement sur l'apprentissage de textes. Les expérimentateurs font apprendre un texte avec différents objectifs : assez général, comme apprendre une partie d'un texte, spécifique, tel qu'apprendre un concept inclus dans la partie du texte, ou sans objectif du tout. Les résultats montrent que l'objectif spécifique produit un meilleur apprentissage du texte qu'avec un objectif général. Cependant on constate également que plus il y a d'objectifs, et plus la performance baisse. Donc l'avantage en termes de performance des objectifs spécifiques est valable jusqu'à un certain seuil de surcharge : passé ce seuil, les individus deviennent moins performants.

La plupart des études sur le but laisse aux sujets la possibilité de poursuivre ou non le but proposé (les sujets peuvent arrêter après chaque période). Par conséquent une situation de but difficile (libre choix et but spécifique) réunit les conditions d'une motivation intrinsèque. Cependant, des études (Mossholder, 1980) ont montré que si une mesure subjective indique une augmentation de l'intérêt, une mesure objective montre une diminution du temps passé à une activité en libre choix. Par ailleurs, étant donné la difficulté du but les sujets s'estiment moins compétents. L'un des deux axes de la motivation intrinsèque étant la sensation de compétence, la difficulté du but augmente l'intérêt pour une part (autodétermination) mais il risque, d'autre part, de faire apparaître une incompétence. Comme l'effort, le but est à double tranchant, en augmentant l'intérêt mais également en diminuant la compétence perçue. Fixer un but s'avère finalement une tâche délicate à mettre en œuvre sur le plan pédagogique, l'enseignant se trouvant un peu en équilibre sur le fil de la difficulté...

Fiche pratique 6

1. Un but d'apprentissage favorise une attitude positive.
2. Un cours confus plonge dans l'échec les élèves orientés vers la résignation.
3. Un but difficile (raisonnablement) et spécifique améliore la performance par rapport à un but vague.
4. La difficulté est à double tranchant : elle augmente l'intérêt mais risque d'induire un sentiment d'incompétence.

Je suis motivé donc j'organise...

VII. MÉMOIRE ET MOTIVATION

Un élève motivé va-t-il davantage mémoriser ses cours ? Depuis le début des recherches sur la motivation (*cf.* chapitre 1), celle-ci a toujours été liée à l'apprentissage. C'est dû au fait que la motivation ne se mesure pas directement, mais qu'il faut la mesurer indirectement par l'évolution de la performance, ce qui se révèle bien dans l'apprentissage (par exemple, l'effet Crespi, la résignation, etc.). La motivation améliore-t-elle la mémoire de la même façon que n'importe quelle autre activité ou a-t-elle en plus certains effets spécifiques ? En effet, on peut penser que non seulement la motivation augmente le niveau d'activité générale (médiatisée par les neurotransmetteurs, etc.), mais aussi qu'elle entraîne des changements particuliers permettant de mieux mémoriser. Les deux catégories de mécanismes semblent se produire. On sait par exemple que l'émotion (motivation explosive, *cf.* chapitre 1) produit des changements hormonaux et le déclenchement de structures biologiques (amygdale), qui accroît les processus neurobiologiques de la mémoire en renforçant l'événement central mais en supprimant les événements périphériques. Si un élève reçoit une claque ou un coup de règle sur les doigts pour avoir fait une mauvaise carte de géographie, il se rappellera du sévice et non de la carte. Sans en arriver aux effets d'une motivation intense qui va rejoindre l'émotion, l'augmentation du niveau d'activité par la motivation, autrement dit l'effort, s'observera également au niveau de la persistance du comportement. Un élève voulant obtenir une bonne note à l'examen va passer plus de temps que les autres à apprendre ses cours.

Mais d'autres recherches indiquent également un effet spécifique de la motivation sur la mémoire. Tout d'abord, il faut se rappeler que la mémoire n'est pas simple car elle est composée de plusieurs modules (Lieury, 1991), codant les informations à des niveaux plus abstraits, comme dans un gratte-ciel : des lettres (codage visuo-orthographique) au niveau du mot (codage lexical) et au niveau du sens (codage sémantique). Ces unités sont activement récupérées (processus de récupération) et organisées (processus d'organisation). Enfin, la mémorisation se fait en deux étapes, à court terme d'abord, ce qui représente l'activation des informations déjà enregistrées, puis à long terme, après une réorganisation.

1. MÉMOIRE À COURT TERME ET MOTIVATION

D'après les théories modulaires, la mémoire à court terme est un pivot dans le stockage de l'information comme la mémoire vive de l'ordinateur. D'une part, c'est par elle que transitent toutes les informations qui ensuite auront la possibilité d'être stockées en mémoire à long terme. D'autre part, étant donné justement la grande masse d'informations existantes, les ressources allouées à chacune d'entre elles sont limitées ; c'est, par exemple, la célèbre capacité de stockage à court terme des mots, le nombre magique 7 (Miller, 1956 ; *cf.* Lieury, 1992).

Pour les théoriciens de la mémoire la question qui relie la mémoire à court terme à la motivation se pose en termes de mécanismes : si la motivation agit bien sur la mémoire à court terme, quel est le mécanisme mnésique qui le permet ? Plusieurs études ayant montré que la motivation agit sur la mémoire à court terme dans certaines conditions, différents mécanismes explicatifs ont donc été proposés.

Le premier mécanisme explicatif est une réallocation des ressources de l'attention. Dans ce cas, l'individu peut centrer ses ressources sur un aspect de la tâche plutôt que sur un autre. Il peut, par exemple, augmenter la vitesse d'exécution au détriment d'une exécution précise. La mémorisation peut également (consciemment ou inconsciemment) être centrée sur quelques informations (Atkinson et Wickens, 1971). Si, par exemple, une moitié des mots est fortement rémunérée (au hasard de la liste) alors que la deuxième moitié l'est faiblement ou pas du tout, les mots fortement rémunérés sont mieux rappelés… mais au détriment des items moins rémunérés (figure 7.1). Un autre chercheur avait montré qu'une photo de nu glissée au milieu d'une liste de dessins était nettement mieux reconnue, mais au détriment des dessins placés juste avant et juste après.

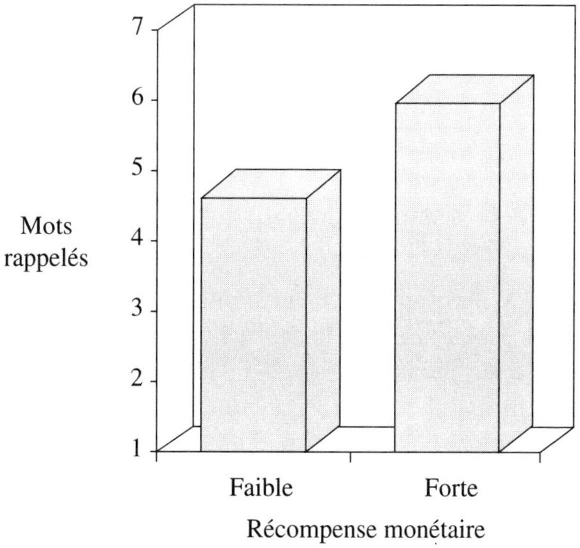

Figure 7.1 *: Nombre de mots rappelés en fonction des deux conditions de motivation (d'après Eysenck et Eysenck, 1980).*

Parallèlement, on observe que les mots fortement rémunérés sont plus souvent répétés (mécanisme d'auto-répétition) que les mots faiblement rémunérés. Cette action de répétition a pour effet de maintenir l'information en mémoire à court terme, ce qui, évidemment, laisse plus de temps pour l'enregistrement à long terme. Ce maintien de l'information en mémoire à court terme constitue donc un deuxième mécanisme explicatif, à côté du mécanisme de l'attention. Si Claudia Schiffer et sa grand-mère vous donnent chacune leur numéro de téléphone, il est facile de prévoir quel numéro sera le plus répété…

Cependant, et c'est là où les résultats quantitatifs sont supérieurs aux simples observations, on remarque dans les résultats (figure 7.1) que les effets sont relativement faibles ; en réalité, la capacité de la mémoire à court terme étant «plafonnée» à 7 (en moyenne), on ne peut espérer, même avec une forte motivation, augmenter considérablement les performances. C'est pourquoi, il faut se tourner plutôt vers la mémoire sémantique et les mécanismes d'enregistrement à long terme, davantage impliqués dans les apprentissages scolaires (Lieury, 1991).

2. MÉMOIRE ET MOTIVATION INTRINSÈQUE

Tout d'abord, on retrouve tout à fait la distinction entre motivation intrinsèque et motivation extrinsèque à propos de la mémoire dès qu'il s'agit d'un apprentissage sémantique. Ainsi, des élèves de quatorze ans (en Inde) sont d'abord testés sur une échelle de motivation intrinsèque qui permet de distinguer les élèves intrinsèquement motivés de ceux qui le sont extrinsèquement. La moitié des élèves dans chaque groupe est récompensée ou non par de l'argent : 5 roupies sont données par bonne réponse, ce qui peut faire un total de près de 100 roupies (20 questions), soit à peu près 100 F. La récompense est donc substantielle pour des enfants de quatorze ans.

Les questions sont posées une première fois tout de suite après la lecture et après vingt-quatre heures, mais de façon inattendue. La récompense est très efficace, mais seulement pour les sujets ayant une faible motivation intrinsèque (figure 7.2). À l'inverse, les élèves les plus motivés obtiennent leur meilleur score sans récompense. Pour la mémoire, comme pour d'autres activités (puzzles, dessins…), la récompense baisse la motivation intrinsèque. En revanche, la motivation extrinsèque avec récompense est aussi efficace…

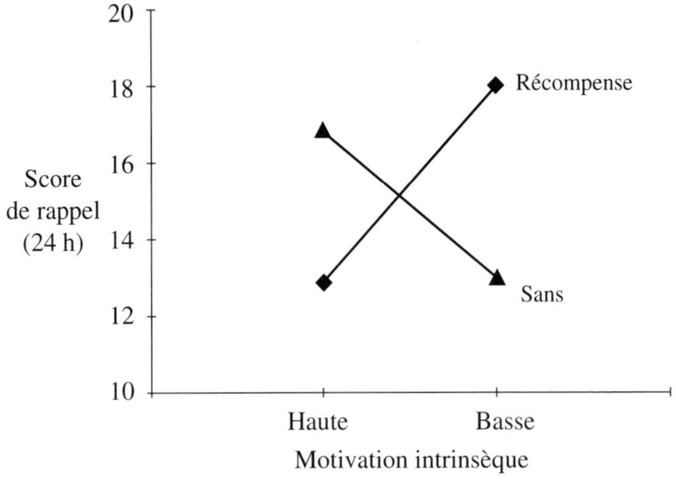

Figure 7.2 *: Inversion du score de rappel d'un texte en fonction de la motivation intrinsèque et de la récompense (d'après Dwivedi, 1990).*

3. TYPE D'IMPLICATION ET MÉMOIRE

La mémoire à long terme représente l'ensemble des connaissances que nous pouvons avoir. Elle est durable et d'une capacité gigantesque, par exemple en termes de milliers de mots chez les élèves de collège. Par ailleurs, on sait qu'il ne suffit pas seulement de stocker une information pour pouvoir la rappeler mais il faut également être en mesure de la récupérer, d'où l'importance de l'organisation de la mémoire et des processus de récupération.

L'effet de l'implication de la tâche ou de l'ego a été testé sur le type d'enregistrement en mémoire. Sachant que la mémoire est complexe, des mots peuvent être enregistrés dans des modes plus ou moins efficaces, soit le mode phonologique (comme dans l'apprentissage par cœur), soit le mode sémantique (compréhension). Par exemple, pour favoriser un encodage plutôt phonologique, il faut choisir celui qui rime avec «bain» parmi deux mots : «pain» et «rire». Pour favoriser un encodage sémantique, on demande lequel des deux mots «poupée» ou «chien» est un animal. Le mode sémantique est également favorisé en faisant choisir le mot qui complète une phrase du genre : «elle fait chauffer le…» : «lait» ou «drapeau». Pour faire varier le type d'implication, les élèves (de niveau CM2 et 6e) sont répartis dans trois groupes. Dans le premier, on implique les sujets en leur donnant la consigne de prendre la tâche comme un jeu et d'essayer de s'améliorer au fur et à mesure. Dans le deuxième, on implique les sujets par rapport à l'ego en déclarant aux sujets que leur valeur réelle est jugée par rapport aux scores des autres enfants. Enfin, il y a un groupe contrôle, qui n'a pas de consigne particulière d'implication.

Dans un rappel indicé où l'on représente le type de question, on constate (figure 7.3) que le type d'implication a bien un effet mais seulement pour l'encodage sémantique (catégorie ou phrase) ; c'est en réalité le niveau le plus élevé de la mémoire qui permet le plus l'organisation. L'implication par rapport à la tâche (motivation intrinsèque) donne le meilleur résultat. Il est cependant intéressant de noter que, le groupe contrôle n'étant pas très différent du groupe impliqué par rapport à la tâche, les élèves étaient naturellement impliqués par rapport à la tâche, nouvelle pour eux. D'avoir mis les élèves en situation d'évaluation, implication par rapport à l'ego, a en fait baisser leurs performances.

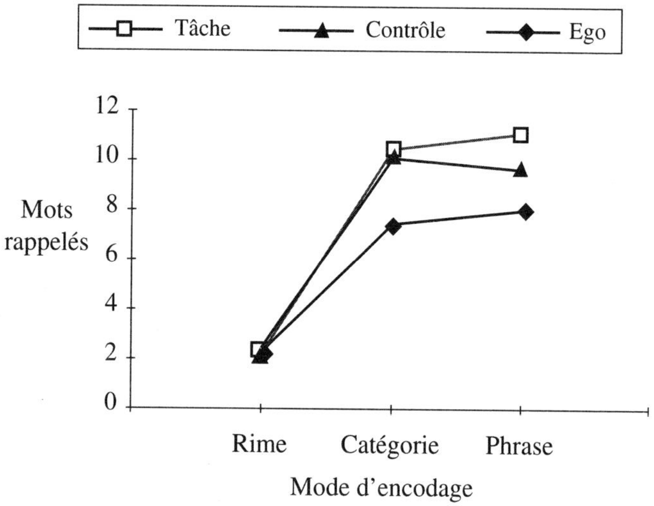

***Figure 7.3** : Effet du type d'implication sur le mode d'encodage (d'après Graham et Golan, 1991).*

4. BUT ET ORGANISATION EN MÉMOIRE

C'est donc au niveau le plus élevé de la mémoire, le niveau sémantique, que les effets de la motivation sont les plus susceptibles d'intervenir. On retrouve le même phénomène si l'on intervient cette fois sur le but. Des étudiants doivent apprendre, en six périodes, des nouvelles listes de 21 mots. À côté d'un groupe contrôle, des consignes différentes de but sont données avant la 4e période, soit un but vague : «faites de votre mieux», soit un but difficile : rappeler la totalité de la liste (21 mots). À chaque période, la liste est apprise en trois essais, de sorte que le rappel au premier essai est un rappel de la mémoire à court terme, tandis que seuls les autres essais permettent une mémorisation à long terme (apprentissage).

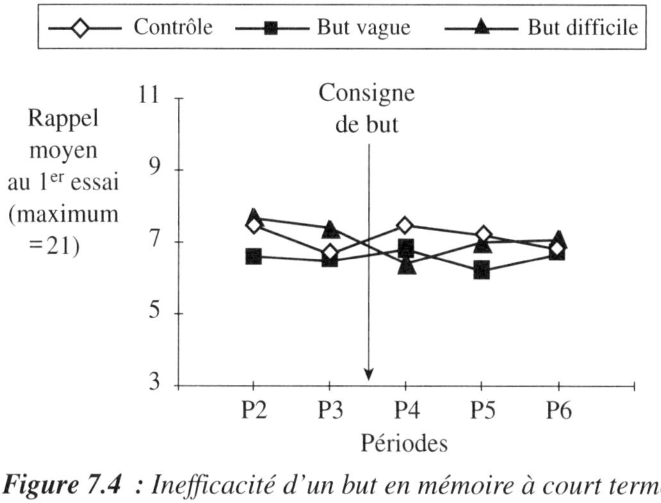

***Figure 7.4** : Inefficacité d'un but en mémoire à court terme (F. Fenouillet).*

Quel que soit le but, la mémorisation à court terme apparaît très stable (figure 7.4) et l'on retrouve le célèbre chiffre magique «7» qui en représente la capacité. La motivation ne joue pas à ce niveau, ce qui confirme les expériences précédentes montrant qu'elle jouerait plutôt un rôle par l'intermédiaire de l'attention en sélectionnant certains éléments à apprendre parmi d'autres. Par contre, elle ne peut pas faire «bouger» la capacité globale.

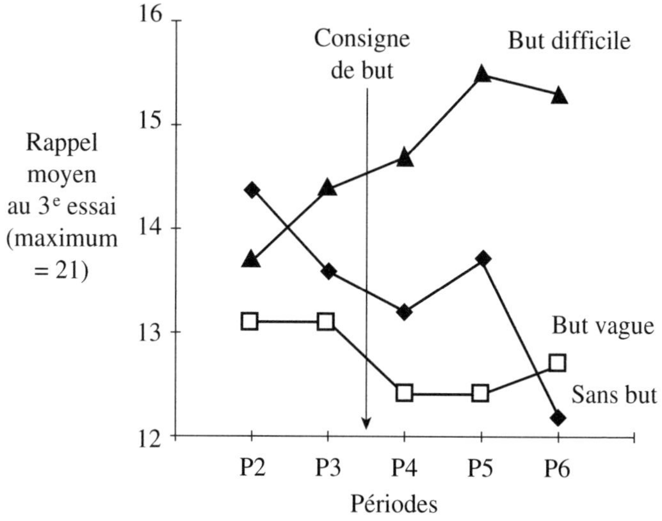

***Figure 7.5** : Efficacité d'un but difficile en mémoire à long terme (F. Fenouillet).*

En revanche, en mémoire à long terme, l'effet des buts se fait sentir (figure 7.5). Sans but ou avec un but vague, le rappel au troisième essai permet un rappel d'environ 12 mots et semble même diminuer au fil du temps. Fixer un but difficile (21 mots) permet tout au contraire d'augmenter régulièrement la performance, le rappel grimpant à plus de 15 mots. Connaissant le rôle des mécanismes d'organisation en mémoire à long terme, on suppose que la motivation (but difficile) pousse les sujets à développer davantage des stratégies d'organisation, expérimentées dans les périodes d'entraînement (avant la consigne de but).

Pour le démontrer, on suggère dans une autre expérience d'améliorer les performances par la méthode de l'histoire-clé (*cf.* Lieury, 1992). Cette méthode consiste à relier les mots d'une liste par une histoire. Par exemple, on peut relier les mots «végétal, instrument, collège, clôture, bassin, marchand, reine, chèvre» par une petite phrase du genre : «Le *végétal* et la cabane d'*instruments* sont dans le jardin du *collège* qui est entouré d'une *clôture* près du *bassin*. Le *marchand* apporte une *chèvre* à la *reine*». Les phrases sont en général tortueuses puisque les mots sont choisis au hasard, mais l'apprentissage en plusieurs essais en montre l'efficacité.

Les groupes disposant de la même méthode ont une performance identique avant la consigne de but («avant» dans la figure 7.6). Mais après leur avoir fixé un but, les sujets ayant un but spécifique et difficile (mémoriser la totalité de la liste) rappellent plus ; on peut supposer qu'ils organisent plus, qu'ils relient davantage de mots par des phrases-clés ou par une histoire-clé. Le but est donc un élément motivant efficace qui semble agir en permettant une augmentation des stratégies d'organisation. C'est la raison pour laquelle un entraînement est donné avant la consigne. On ne peut augmenter sa performance que si l'on sait comment faire...

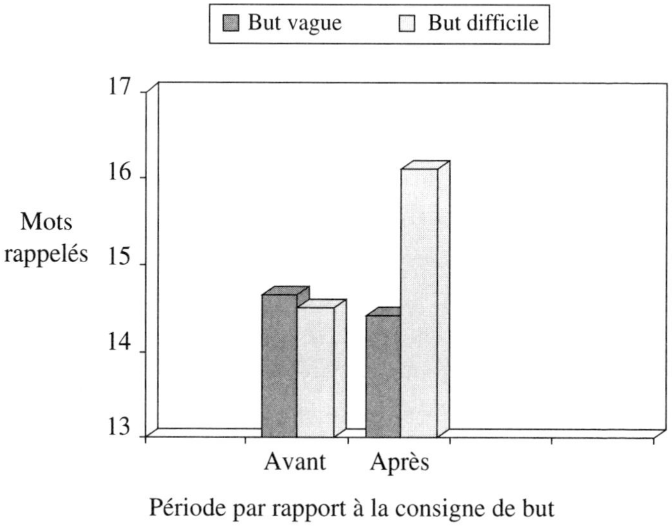

Figure 7.6 *: Le but a un effet sur l'organisation en mémoire (F. Fenouillet).*

5. ÊTRE EXPERT, C'EST SIMPLE... AU BOUT DE DIX ANS

Si le but est spécifique et précis, plusieurs buts peuvent constituer les marches d'un but plus lointain pour correspondre au projet sur lequel insistent plusieurs auteurs (Nuttin, 1980 ; Houssaye, 1993, etc.). Car de hauts niveaux de performances nécessitent de longues durées comme l'a bien montré Anders Ericsson avec son équipe dans ses études sur les experts. Ses études ont débuté par le constat que les hauts niveaux de spécialisation étaient peu liés à des tests de quotient intellectuel (par exemple, corrélation de .20 pour des ingénieurs et pour des docteurs en médecine) et que la mémoire des «experts» était spécifique à leur domaine de spécialisation. C'est donc plutôt la durée des apprentissages qui est le facteur primordial.

Ainsi, des études sur les joueurs d'échecs, les compositeurs musicaux, les mathématiciens, les tennismen, les coureurs de fond, les scientifiques, montrent que la meilleure performance de l'individu est atteinte avec un minimum de dix ans d'expérience dans le domaine. La motivation et la persévérance paraissent nécessaires pour atteindre une performance éminente. De plus, un niveau stable de performances, après une longue expérience, n'est pas déterminé de façon rigide par des facteurs innés. Une haute performance ne peut augmenter ou simplement se maintenir que par un effort délibéré. Ce phénomène est d'ailleurs couramment observé chez les sportifs qui connaissent les fameuses «contre-performances» liées au manque d'entraînement.

L'apprentissage délibéré se rapproche de l'implication par la tâche avec une connaissance des résultats. Ainsi un simple entraînement ne mène pas automatiquement à une augmentation de la performance.

Dans les trois types d'activités que les auteurs (*cf.* Ericsson *et al.*) distinguent : le travail, le jeu et l'activité délibérée, on peut reconnaître différents types de motivation. Le travail comprend toutes les activités effectuées pour des récompenses externes (service, performance publique, compétition...) donc avec une motivation extrinsèque. Le jeu implique des activités d'emblée intéressantes qui n'ont aucun but explicite (motivation intrinsèque). Les activités délibérées désignent des activités effectuées dans le but d'augmenter les performances, c'est en conséquence une motivation intrinsèque avec but spécifique. Contrairement au travail, où les erreurs sont perçues comme des renforcements négatifs et sont décourageantes, le jeu ou l'activité délibérée recensent des erreurs qui ont un rôle informatif et qui permettent de s'améliorer.

Parmi plusieurs recherches, l'une d'elle a étudié des groupes de violonistes de l'Académie de musique de Berlin. Le groupe des «meilleurs» est composé de violonistes ayant le potentiel de devenir des solistes de niveau international, le groupe des «bons» est composé de très bons violonistes mais qui ne peuvent, d'après les professeurs, accéder au niveau international ; ces groupes sont comparés aux «élèves-enseignants» qui suivent les études normales de musique pour devenir enseignant. Les individus de chaque groupe sont étudiés sur le plan biographique, et par différentes estimations du temps passé, ainsi que sur des échelles de motivation.

Les résultats montrent que tous ces musiciens ont au moins dix ans de pratique du violon. Le plaisir de jouer est plus grand si le violoniste joue en groupe ou s'il joue pour lui-même (8.60 et 8.33 dans des échelles sur 10 points) de façon ludique par rapport à une activité délibérée, seul ou en groupe (7.23 et 7.57). En revanche, l'effort perçu est moins important dans l'amusement (3.97 et 3.27) que dans l'activité délibérée (8 seul et 6.97 en groupe). Les résultats les plus spectaculaires concernent le temps passé à l'entraînement. À l'âge de treize ans les «meilleurs» s'entraînent 12 heures en moyenne par semaine contre 8 et 5 heures pour les «bons» et les «élèves-enseignants». À l'âge de vingt ans les heures de pratique s'élèvent à près de 30 heures pour les meilleurs, c'est-à-dire autant que chez des professionnels. Les «bons» s'entraînent de 20 à 25 heures, tandis que les «élèves-enseignants» plafonnent autour de 10 heures. Cette différence spectaculaire, du double au triple pour les «meilleurs» violonistes, montre bien pour l'auteur que ce ne sont pas les capacités innées qui sont déterminantes, mais bien l'entraînement. Sur une très longue période, ces différences cumulées aboutissent à des estimations vertigineuses de plus de dix mille heures de pratique pour les meilleurs et pour les professionnels de l'âge de vingt ans, environ 7 500 pour les bons contre 4 000 chez les élèves-enseignants.

Victor Hugo avait bien raison, le génie c'est 90 % de transpiration ! Il ne faut cependant pas être idéaliste et ne pas exclure des différences de capacités pour expliquer comment des quantités colossales d'informations sur une durée d'entraînement énorme ne surchargent pas l'individu talentueux. Mais, y compris pour les cas exceptionnels, la compétence provient de la persistance dans l'apprentissage, donc d'une motivation plutôt intrinsèque.

Fiche pratique 7

1. La motivation agit peu sur la mémoire à court terme.
2. La motivation agit sur les niveaux élevés de la mémoire, notamment sur la mémoire sémantique.
3. La motivation agit plus sur l'augmentation des stratégies d'organisation déjà expérimentées (exercice).
4. Les très hauts niveaux de performance (experts) ne se font qu'avec de la persévérance (dix ans ou 10 000 heures).

Quelle motivation pour l'école ?

CONCLUSION

1. UN PUZZLE NOMMÉ « MOTIVATION »

Au total, la motivation est loin d'être simple à comprendre et ressemble un peu (figure 1) aux puzzles qu'affectionnent certains chercheurs. Si la situation est compliquée du fait de la variété des termes employés par les différents chercheurs, on peut essayer de reconstituer quelques pièces du puzzle. La théorie de l'évaluation cognitive (Deci et Ryan) fournit selon nous le cadre le plus général et a donc été préférée dans ce livre pour servir de fil conducteur. À partir de cette théorie, la motivation s'échelonne selon un continuum qui va de la motivation intrinsèque, « je fais ça pour le plaisir », à l'amotivation (ou résignation). Entre ces deux extrêmes, se trouve la large étendue de la motivation extrinsèque qui varie suivant les renforcements, de l'argent à la pression sociale (obligation d'aller à l'école) en passant par les prix, etc. Ce continuum de motivation serait pour l'essentiel la résultante de deux besoins, le besoin d'autodétermination (et à l'inverse, la contrainte) et le besoin de compétence.

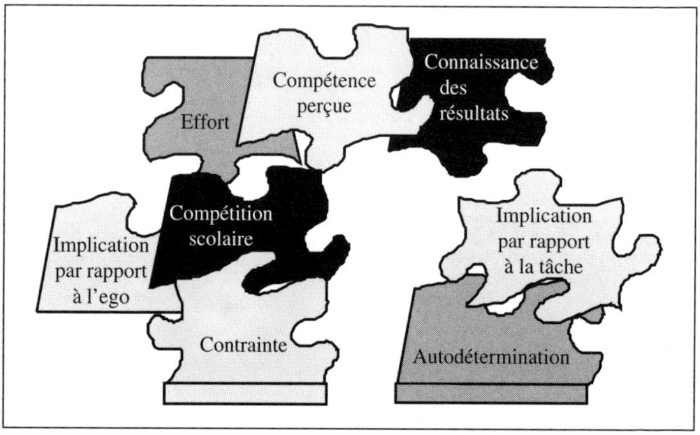

Figure 1 *: Les pièces du puzzle Motivation*

Ces besoins étant subjectifs, c'est l'impression d'être libre ou d'être compétent qui compte. Cette compétence perçue est elle-même complexe ; tout d'abord, elle comprend le sentiment d'effort ou la connaissance des résultats dont les effets dépendent de l'orientation par rapport à la tâche. Dans une orientation par rapport à la tâche autodéterminée, la compétence perçue est proportionnelle à l'effort fourni (ainsi qu'aux résultats). Mais dans une orientation vers l'ego, notamment en compétition sociale (contrainte), tout se renverse, et un gros effort pour une performance évaluée moyenne donnera un sentiment de nullité.

2. PERSÉVÉRANCE ET PROJET ÉDUCATIF

Sur le plan éducatif, il semble qu'il faille au maximum valoriser la motivation intrinsèque et l'orientation vers la tâche, et minimiser l'évaluation sociale, la compétition, etc. Richard Vallerand, de l'université du Québec, a particulièrement travaillé sur ces questions avec son équipe (1993). S'appuyant sur les études de laboratoire montrant que la persévérance dans une activité dépendait de la motivation intrinsèque, plusieurs études en milieu scolaire (lycée, université) l'ont confirmé par la suite. Par exemple, sur 1 042 élèves inscrits dans un cours optionnel de français, les réponses à un questionnaire de motivation révèlent que ceux qui se sentent moins motivés intrinsèquement, dès la première semaine, abandonnent en cours de semestre.

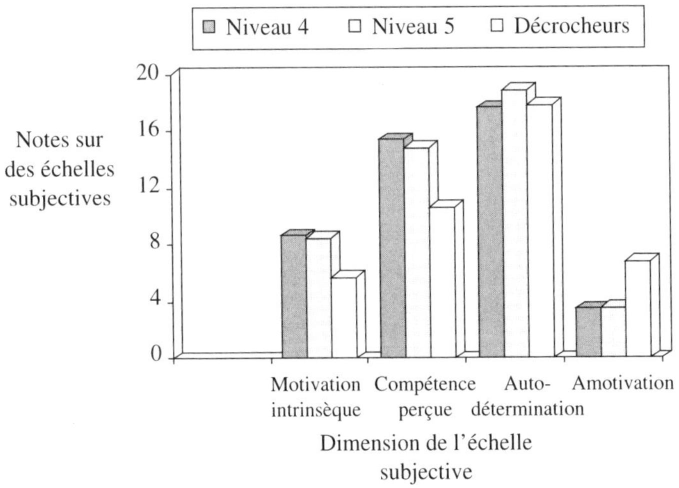

Figure 2 : *Motivation intrinsèque et poursuite des études chez les étudiants de l'université (d'après Vallerand, 1993).*

De même pour les études complètes (et non seulement pour un cours optionnel), une étude menée sur plus de 800 élèves du secondaire indique que les « décrocheurs », abandonnant leurs études, présentent la motivation intrinsèque la plus faible et, inversement, l'amotivation la plus élevée (figure 2) par rapport à ceux qui continuent au niveau 4 et 5 de leur scolarité. Cette baisse de la motivation semble plus fortement liée à la baisse de la compétence perçue qu'à la baisse de l'autodétermination.

À l'inverse, certains élèves décrocheurs reprennent leurs études. Ces « raccrocheurs » présentaient dans leurs questionnaires de motivation des niveaux plus élevés de motivation intrinsèque, de compétence perçue et d'autodétermination.

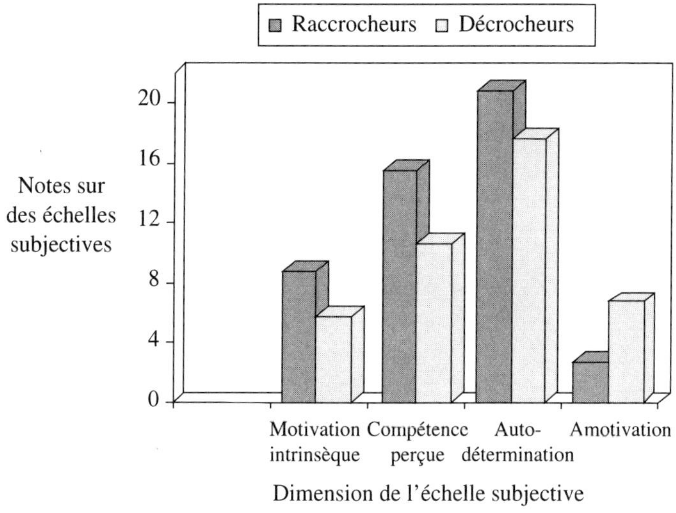

Figure 3 : *La motivation intrinsèque des « raccrocheurs » et des « décrocheurs » chez les étudiants de l'université (d'après Vallerand, 1993).*

La motivation intrinsèque avec ses composantes, la compétence perçue et l'autodétermination, semblent bien déterminer la persévérance dans le projet éducatif.

3. LE BOSSEUR, LE NUL ET L'AMATEUR...

« Toi, tu fais tes études en touriste » ou « les autres me traitent de bosseur »... Dans la vie scolaire, ou dans la vie de tous les jours, les élèves ou les gens cataloguent les autres ou eux-mêmes en bosseurs, en nuls, en amateurs, en touristes, etc. Dans cette typologie scolaire ou de la vie courante, on retrouve les grandes dimensions de la motivation (figure 4).

Le « bosseur », le « trimeur », etc., est celui qui travaille au-delà de ce qu'on lui demande sur le plan académique, c'est l'expert, le passionné. Il s'agit de l'exemple type correspondant à la motivation intrinsèque. Il fait son travail, scolaire ou autre, avec un sentiment d'autodétermination et une haute compétence perçue, de sorte que des petits échecs n'affecteront pas sa persévérance en béton. Ses récompenses préférées ne sont pas des incitations intrinsèques mais des moyens de progresser, tels que des livres sur son thème préféré, les échecs, une nouvelle guitare, etc. Et s'il gagne de l'argent, il va le dépenser en vue de se perfectionner ; il en retirera une meilleure compétence perçue, augmentant sa motivation. Bon nombre de jeunes sont ainsi passionnés, hors du système scolaire, par l'astronomie, le rock, les échecs et, en particulier, par l'informatique qui, en général, réunit beaucoup de conditions de la motivation intrinsèque. Il n'y a pas obligation (en général), le groupe de copains est vu non comme un système de compétition mais comme celui de la coopération ; l'apprentissage est progressif et l'individu, travaillant seul, en général, ne se donne pas des tâches insurmontables mais des tâches de difficulté progressive.

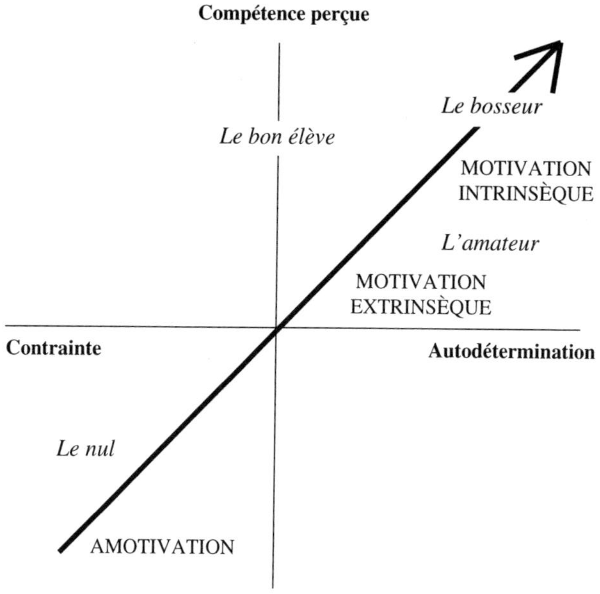

Figure 4 : *Typologie de la vie courante vue à travers les dimensions de la motivation.*

Le « bon élève » a, lui, un bon niveau de compétence perçue mais il travaille essentiellement parce que l'école est obligatoire et que ses parents l'y contraignent. Il est donc plus ou moins autodéterminé. Les bonnes notes et les prix auront ainsi beaucoup d'influence sur lui, néanmoins on peut prévoir que des échecs répétés (baisse de la compétence perçue) étoufferont sa motivation. C'est en particulier ce qui arrive à des élèves qui, habitués aux bonnes notes à l'école primaire, en reçoivent de mauvaises au début du collège, de même que pour le passage du collège au lycée et du lycée à l'université. En général, la démotivation est extrêmement rapide. Du statut de bon élève, il va glisser vers celui de nul. Là encore, la hiérarchie des disciplines ou des sections peut aiguiser le couperet social : « On m'a redescendu en 1re B ou G ».

Ainsi, la grande majorité des élèves se situent vraisemblablement sur le continuum de la motivation, en fonction de leur perception de compétence et d'autodétermination. Sur une échelle d'ennui/intérêt (figure 4), on constate d'ailleurs que la majorité des élèves expriment une motivation moyenne (la note moyenne d'intérêt est de 2,9 sur 8). Et ils y glissent vraisemblablement vers le haut ou vers le bas en fonction des résultats scolaires.

L'amateur est avant tout autodéterminé, c'est donc hors de l'institution scolaire qu'on le trouve, à la guitare ou à la batterie dans le groupe rock avec ses copains. C'est l'absence de contraintes qui le détermine avant tout, et bon nombre de passions se terminent dès qu'il y a comparaison sociale et dès que la compétence perçue devient visiblement faible. Voilà peut-être la raison d'être des clubs : dans un milieu homogène quant à la compétence, la motivation persiste s'il y a autodétermination. Ainsi le vétéran du cyclisme sait qu'il n'est plus un champion avec les jeunes, mais avec les « seniors », ma foi, il se défend !!!

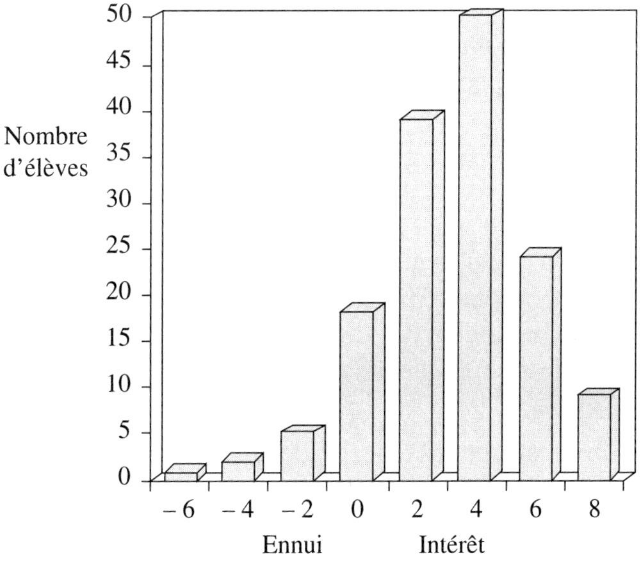

Figure 5 *: L'intérêt est-il la chose la mieux partagée chez les élèves ? (195 élèves de 5*^e^*) (d'après Lieury* et al.*, 1992).*

N.B. : L'ennui est noté de – 8 (ennui très fort) à + 8 (je ne m'ennuie pas du tout)

Le nul, le cancre, n'a plus de motivation, il est amotivé, résigné. Il est le résultat d'échecs à répétition dans un contexte de contraintes d'où il ne peut s'échapper, l'institution scolaire (mais aussi l'usine). Sa compétence perçue est très faible, peut-être parce qu'on le lui répète constamment, les profs, les parents… Ainsi pourrait s'expliquer le phénomène de la bande, ou du groupe - de rock, de basket, etc. -, qui possède son propre système de valeurs : le «nul» à l'école peut être valorisé dans un autre système. Sur le plan scolaire, supprimer la hiérarchie des matières, rendre optionnelles (autodétermination) un certain nombre de disciplines permettrait d'instaurer un cadre dans lequel les enseignants auraient plus de souplesse pour revaloriser les élèves en situation chronique d'échec. Enfin, il faut redonner de nouvelles attitudes, plus informatives qu'évaluatives, tant aux élèves qu'aux enseignants pour que les résultats négatifs soient utilisés comme des informations vers un meilleur apprentissage plutôt que comme une sanction et une attaque de la compétence perçue. Il faut favoriser le but d'apprentissage. Savoir que l'échec est appris, et non dû au destin ou à l'hérédité, ouvre la porte vers un réapprentissage de la réussite.

4. QUELLE MOTIVATION POUR L'ÉCOLE ?

Dès lors quelle motivation choisir pour l'école ? Dans l'ensemble les travaux ont tendance à valoriser la motivation intrinsèque. En particulier, parce qu'elle pousse l'élève ou l'individu à continuer hors de la pression sociale. C'est donc la motivation qui permet une stabilité, une persévérance, associée aux performances élevées. Néanmoins, c'est un extrême et l'on peut avoir une large gamme de performances efficaces de façon extrinsèque. Si l'on revoit, par exemple, une partie des résultats de Deci et Ryan sur les puzzles (figure 6, *cf.* chap. 2, 3), on s'aperçoit qu'avec une récompense de un dollar par puzzle, les sujets passent en définitive plus de temps à faire des puzzles qu'en libre choix. De même que dans l'étude sur le type de motivation et sur les textes (figure 7.2). Il ne faut donc pas tirer sur le pianiste parce qu'il est payé !!!

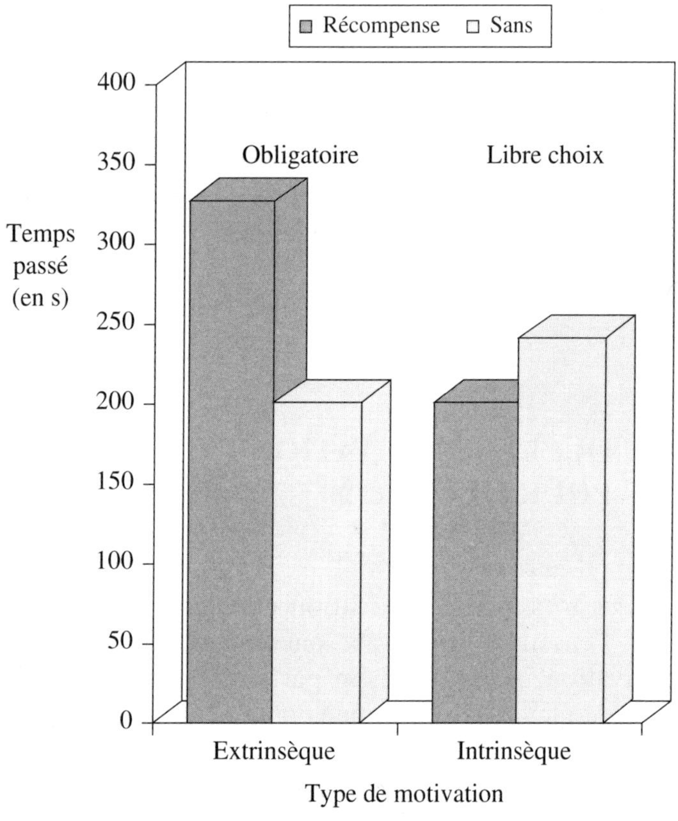

Figure 6 : *Quelle est la motivation la plus efficace ? (adapté de Deci, 1971)*

Cependant, il est important d'identifier le type de motivation chez les élèves, car la motivation intrinsèque est «tuée» par la contrainte, c'est-à-dire, par les renforcements (notes, argent), par l'évaluation, par la compétition (dans le sens de la comparaison sociale). Tout ce qui favorise l'autodétermination, l'estime de soi, est donc à conseiller.

Ce qui tue la motivation, au bon sens du terme – motivation intrinsèque ou motivation extrinsèque autodéterminée –, c'est la contrainte. Le prototype chez l'adulte est celui qui attend avec hâte, le vendredi soir, et la retraite comme le vendredi soir de sa vie. En définitive, ce qui est à proscrire sur le plan éducatif est ce qui nuit à la personne : la baisse de la sensation de compétence et de l'impression de libre arbitre. Dans ces cas, la motivation extrinsèque est contrôlée, contrainte, et l'élève s'approche de la résignation acquise, de la perte de motivation…

La motivation évolue d'ailleurs avec le niveau scolaire et avec l'âge. Une recherche colossale de Susan Harter, de Denver dans le Colorado, a mis ce phénomène en évidence, sur 3 000 élèves allant du CE2 jusqu'à la 3e (grades 3 à 9 pour les USA) dans les États de New York et de Californie. La motivation est étudiée à travers un questionnaire composé de cinq catégories de questions. Trois catégories de questions sont corrélées entre elles ; elles reflètent la motivation intrinsèque. Tout d'abord, l'esprit de défi (avec des questions comme «j'aime les problèmes difficiles et nouveaux»), la curiosité et l'intérêt, «j'aime les nouveaux projets» «les choses nouvelles à apprendre», et la maîtrise du travail scolaire, «je fais mon travail scolaire sans aide»…

Un effet majeur apparaît, c'est la baisse progressive de la motivation intrinsèque, montrée sur la figure (7) par la diminution de la curiosité et de l'intérêt (de même que pour le défi, et pour la maîtrise, non représentée sur la figure). Selon l'expression de l'auteur, l'école « étouffe » la motivation intrinsèque et au contraire oriente vers l'attente d'un travail assigné, vers l'approbation et la dépendance vis-à-vis des professeurs.

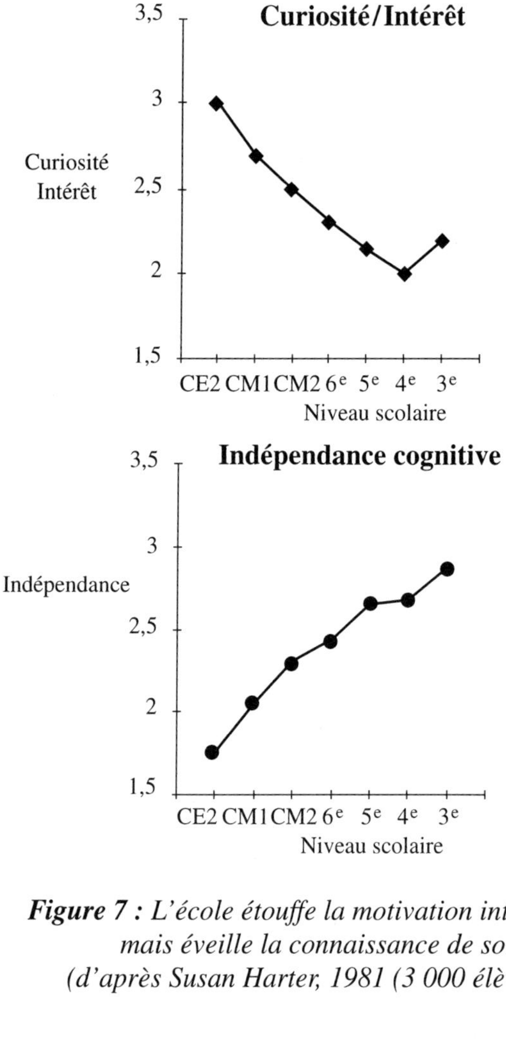

***Figure 7** : L'école étouffe la motivation intrinsèque mais éveille la connaissance de soi (d'après Susan Harter, 1981 (3 000 élèves)).*

Tout concourt en effet à réduire la motivation intrinsèque à l'école. L'école est obligatoire, elle est donc perçue contre l'autodétermination et comme une contrainte. Le système de notation est largement évaluatif et rarement informatif, il est comme une implication par rapport à l'ego (extrinsèque) ; la compétition sociale (les bons et les faibles), fréquente, est un processus d'évaluation sociale. Et pour couronner l'ensemble, la hiérarchie entre les matières augmente le caractère évaluatif. Au total, si l'objectif explicite de l'école est celui d'une école pour tous, tout est réuni pour que le système soit en fait élitiste. Si l'école doit rester obligatoire dans une perspective démocratique, il n'est pas obligé qu'elle cumule les aspects contraignants.

Cependant, les deux autres catégories de questions (figure 7) présentent une évolution complètement inverse. Ces questions reflètent plutôt un aspect cognitif-informatif, autrement dit la connaissance de soi, notamment un sentiment d'indépendance cognitive, par exemple «je me base sur ma propre opinion», «je préfère mes propres idées», et une internalisation des règles «je connais mes erreurs, sans le professeur». Si l'intérêt et la curiosité ont tendance à baisser, ils sont compensés par une plus grande indépendance, un plus grand recul, vis-à-vis du système. Le réalisme prend le pas sur la curiosité, de cigale on devient fourmi…

PETIT GLOSSAIRE À L'USAGE DES NON-INITIÉS

Amotivation : synonyme de résignation apprise.

Autodétermination : l'autodétermination est (d'après une théorie importante) une des composantes de la motivation intrinsèque avec la compétence perçue. L'autodétermination est le sentiment de choisir, ou libre arbitre, et s'oppose à la contrainte, à la pression sociale, à la situation d'évaluation.

But d'apprentissage : le but d'apprentissage est un but orienté vers la maîtrise de la tâche pour elle-même, sans esprit d'évaluation ou de compétition. L'élève est satisfait par une progression de ses résultats ; il voit les erreurs comme des informations pour progresser et non comme des sanctions. Le but d'apprentissage correspond à une motivation intrinsèque ou à une orientation vers la tâche.

But de performance : le but de performance est une norme à atteindre, et l'erreur est ressentie comme un échec par rapport aux autres. Le but de performance correspond à une motivation extrinsèque ou à une orientation vers l'ego.

But difficile et spécifique : le but difficile et spécifique est un niveau à atteindre dans le cadre d'une progression de l'apprentissage ; se fixer un but dans ces conditions améliore la performance. Mais le but doit être progressif en difficulté pour ne pas causer une baisse du sentiment de compétence.

Compétence perçue : la compétence perçue est l'autre composante de la motivation intrinsèque avec l'autodétermination. Plus la compétence perçue est grande, plus elle favorise la motivation intrinsèque. À l'inverse, un sentiment très bas de compétence associé à la contrainte produit la résignation apprise.

Contrainte (ou **contrôle,** ou **pression)** : opposée à l'autodétermination, la contrainte baisse la motivation intrinsèque.

Crespi (effet) : Crespi est un chercheur qui a découvert que des rats habitués à recevoir une forte récompense (beaucoup de nourriture) avaient une chute de performance lorsqu'ils recevaient une quantité normale de nourriture ; c'est le syndrome de l'enfant gâté ou de la star.

Drive : le *drive* (littéralement «mobile») pousse l'organisme à agir ; cette première version de la motivation dans les théories de l'apprentissage est basée sur un besoin physiologique ; le manque, par exemple la faim, déclenche le *drive.*

Lieu de causalité (interne/externe) : les psychologues sociaux ont découvert que les individus attribuent les événements qui les concernent, soit à des causes internes, soit des causes externes. Un élève interne dira, s'il a réussi un examen, qu'il est bon, qu'il a bien révisé, etc., alors qu'un élève externe ayant échoué dira que son prof ne l'aime pas, qu'il y avait du bruit dans la classe…

Motivation : la motivation est un terme générique qui désigne l'ensemble des mécanismes biologiques et psychologiques qui permettent le déclenchement de l'action, l'orientation, l'intensité et la persistance.

- **Motivation extrinsèque** : la motivation extrinsèque regroupe un large éventail de motivations contrôlées par les renforcements, les notes, les prix, l'argent.
- **Motivation intrinsèque** : la motivation intrinsèque est la recherche d'une activité pour l'intérêt qu'elle procure en elle-même ; elle correspond à l'intérêt, à la curiosité, c'est-à-dire au sens courant de la motivation.

Orientation vers l'ego : une orientation vers l'ego est une orientation d'évaluation de soi par rapport aux autres (de nature extrinsèque). Elle conduit notamment à dévaloriser l'effort, puisque la compétence perçue sera d'autant plus forte que l'effort fourni sera faible.

Orientation vers la tâche : l'orientation vers la tâche (ou but d'apprentissage) valorise l'effort dans la mesure où, sans comparaison sociale, une augmentation de l'effort conduit à une amélioration des performances, ce qui accroît le sentiment de compétence perçue (et donc la motivation intrinsèque).

Résignation apprise ou Amotivation : la résignation apprise a été découverte chez l'animal : si une réponse conditionnée (appui sur un bouton) ne permet pas d'échapper à des chocs électriques, l'animal va cesser d'agir. Certains auteurs parlent aussi d'amotivation.

BIBLIOGRAPHIE SOMMAIRE

Ouvrages en français

Chappraz, G. - coordinateur numéro spécial «La motivation», *Cahiers pédagogiques*, 1992.

Ehrlich, S et Florin, A. - «Ne pas décourager l'élève», *Revue française de pédagogie*, 1989, p. 35-48.

Ehrlich, S. - «L'installation du découragement», *Science & Vie*, numéro spécial «L'enfant et l'échec scolaire», 1988.

Houssaye, J. - «La motivation», in *La Pédagogie, une encylopédie pour aujourd'hui*, Paris, ESF, 1993.

Lieury, A. - *Des méthodes pour la mémoire : mais pas n'importe lesquelles,* Paris, Dunod, 1991, 2e édition, 1993.

Lieury, A. - *Mémoire et réussite scolaire*, Paris, Dunod, 1991, 2e édition, 1993.

Monteil, J.M. - *Le Soi et le contexte*, Armand Colin, 1993.

Nuttin, J. - *Théorie de la motivation humaine*, Paris, PUF , 1980.

Overmier, B. et Blancheteau, M. - «La résignation acquise», *L'Année psychologique*, 1987, 87, 73-92.

Vallerand, R. J. et Thill, E. - *Introduction à la psychologie de la motivation*, Québec, Vigot, 1993.

Articles de revues américaines

Deci, E., Ryan, R. *et al.* - «Effects of Performance Standards on Teaching Styles: Behavior of Controlling Teachers», *Journal of Educational Psychology*, 1982, 74, 852-859.

Dweck, C. & Leggett, E. - «Social-Cognitive Approach to Motivation and Personality», *Psychological Review*, 1988, 95, 256-273.

Maier, S.F. & Seligman - «Learned Helplessness: Theory and Evidence», *Journal of Experimental Psychology: General*, 1976, 105, 3-46.

Nicholls, J. - «Achievement Motivation: Conceptions of Ability, Subjective Experience, Task Choice and Performance». *Psychological Review*, 1984, 91, 328-346.

Les recherches-actions du Centre de formation pour apprentis ont été réalisées dans le cadre d'une collaboration, depuis 1991, entre le SCURIFF (et CREDIJ, directeur : A. Kokosowski) de l'université de Rouen et le CFA de Val de Reuil (directeur : Émile Bouchez).

Imprimerie GAUTHIER-VILLARS, Paris
Dépôt légal, Imprimeur, n° 4578
Dépôt légal : février 1996
Imprimé en France